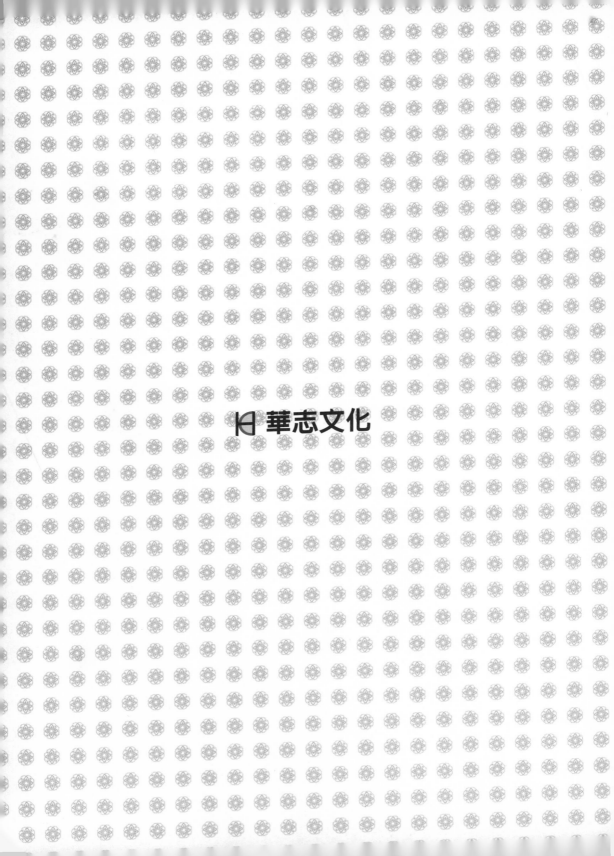

華志文化

# 全世界都在用的
# 80個
# 關鍵思維

# 前言

　　成功，是一個美好的字眼。成功是什麼？成功意味著許多美好積極的事物。成功意味著個人的榮景：享有好的住宅、假期、旅行、新奇的事物、經濟上的保障，以及使你的家人能享有最優渥的條件。成功意味能獲得讚美，擁有領導權，並且在職業與社交圈中贏得別人的尊重。成功意味著自由：能免於各種煩惱、恐懼與挫折。成功意味著能追求生命中更多的快樂和滿足，也能為那些需要你幫助的人做更多的事情。

　　毫無疑問地，成功是每個人都想追求的，但是想做一個成功者，應該從哪裡開始起步？我們身邊總有一些出色的人，同樣的年齡，同樣的學歷，為什麼有些人成了比爾‧蓋茲，而有些人整天疲於奔命卻只能勉強維持生計？成功者與失敗者的區別在哪裡？不是學歷、不是智商，甚至也不是勤奮，而是思維。成功者有成功的思維模式，而失敗者的思維模式則導致了他的失敗。可以說，思維決定生活，有什麼樣的思維習慣，就有什麼樣的生活。

　　所以，要想做一個成功者，首先就要具備成功者的思維。人生的軌跡就像是桌面的滑鼠，思維點到哪裡，成就也就停在哪裡。所以，成功者擁有一種成功的機制，像成功者一樣去思索，你就會越來越像一位成功者，也越來越接近成功。

　　成功是可以學習的。失敗者各有各的失敗之處，但是成功者總是相似的。即便成功的模式與道路各不相同，但成功的思維與方法總是相似的。

　　這是一個關於兩兄弟的成功故事。兄弟倆出生的地方非常貧困，迫於生計，他們選擇了一條最艱辛的道路——去海外做奴隸。

大哥似乎幸運些，被奴隸主賣到了富庶的三藩市，弟弟則被賣到了窮困的菲律賓。

40年後，兄弟倆又幸運地聚在一起。此時哥哥當了三藩市的移民領袖，擁有數間餐館，而且子孫滿堂，有些承繼衣缽，又有些成為傑出的工程師等科技專業人才。

而弟弟呢？居然成了一位享譽世界的銀行家，在東南亞擁有大量的山林、橡膠園和銀行。

雖然所處的國度不同，工作和奮鬥的領域也相差甚遠，但是經過幾十年的努力，兄弟倆都成功了。是什麼導致了他們各自的成功？因為同樣的出生背景和教育環境給了他們相似的特質：他們都勤勞踏實，都能屈能伸，同樣也都能把握機會。而只要擁有這些，不管是在三藩市，還是在菲律賓，都能創造出成功的人生。

仔細觀察我們身邊那些出色的人，他們身上的確有著一些共同的特點，他們自信、自律；他們眼光敏銳、顧全大局；他們敬業、忠誠；他們有毅力、能屈能伸。正是這些特點，使他們在芸芸眾生中脫穎而出。所以，當我們感慨自己如何不如人的時候，我們為何不想想，與這些佼佼者相比，我們還欠缺什麼？

其實，成功的人不會告訴別人該怎麼活，但是他們生活的方式、他們的思維特點，就足以啟發他人改變他們的生活。向成功者學習，是獲取成功的最有效捷徑。

想想看，你身邊那些成功的人是否總是樂觀自信地看待生活？他們是不是該糊塗時糊塗、該突破時突破？他們是不是總能抓住每一次看似不起眼的機會？他們是不是有捨有得、能屈能伸？他們是不是熱愛自己的工作和事業……成功者都是相似的，所有的成功者都有一些共通之處。本書的主旨，就是找到那些各行各業的成功者都在用的成功思維，給讀者一面鏡子。透過這面鏡子，聰明的讀者會找到自身的不足，找到屬於自己的成功鑰匙。

# 目錄
## *Contents*

## 第三章　提高做事成功率的10個關鍵思維

## 第四章　走向團隊合作共贏的10個關鍵思維

# 第七章　為人處世的高手不可缺少的10個關鍵思維

# 第八章　永遠保持黃金心態的10個關鍵思維

# 第 1 章

# 讓自己更出類拔萃的
# 10個關鍵思維

從小到大，在我們的周圍總是有一些出色的人。他們學業出眾，事業如日中天，過著讓人羨慕的生活，讓人覺得他們做什麼都一帆風順。和這些人相較，我們很容易產生生活上不如意的感覺。也許會為此而心生自卑，感慨人與人之間的差別，感慨自己為什麼就沒有如此的成就。於是我們開始頻繁地問自己這樣一個問題：「為什麼我不行？」其實，沒有人阻擋你成為一個出類拔萃的人，除非你自己放棄理想和奮鬥。如果你具備了以下十種思維，你將會赫然發現一個更美好的自己。

## ◎ 超前思維：用發展的眼光看自己

　　馬克思曾說：「蜜蜂建築蜂巢的本領使人類的許多建築師感到慚愧。但是，最差勁的建築師一開始就比最靈巧的蜜蜂高明的地方，就是他在建自己的房子前就已經在自己的頭腦中把它建成了。」建築師的藍圖，就是他的超前思維。

　　每個人都要有自己的生活藍圖。常常聽到身邊有人感慨：「不知明天會怎樣？」、「前途茫茫，過一天算一天吧。」、「看不到未來呀，路在何方？」……凡此種種，都是因為我們缺乏一個理想、一個目標，缺乏自己未來的生活藍圖。

　　如何把命運握在自己手裡，如何做同行中的帶頭者？同樣是離開原來的公司，為什麼有些人就是倒楣地被企業裁掉，哭喪地離開？有些人卻是令人羨慕地被其他公司以高薪挖走？還有些人更是主動辭職，愉快地哼著歌去開創自己的事業。差別在哪裡，就在於是否具有超前思維。

　　老鼠都怕被貓抓，只要貓一出現，老鼠都四散逃逸，偏偏有隻老鼠不逃，牠還冒險跟在貓的屁股後面，研究貓的活動作息。大多數老鼠罵牠傻，牠說這是為了逃避貓的獵捕；有個小偷整天看時裝雜誌，他的同行罵他不務正業，小偷還趕什麼流行，卻沒想到他竟是在研究最近流行的服飾口袋在哪裡，有錢人總是走在流行尖端，研究好了可以提高偷竊的成功率。

　　例子有真有假，有正有反，但意思是再清楚不過的了，那就是在生活和工作中，思考問題要有超前思維，要看清事物的發展規律，用發展的眼光看問題。思維超前了，就可以做到事事超前。

　　無論是政治家、軍事家還是企業家，要想在現代社會中立足並

有所作為，都必須掌握並運用超前思維去贏得時間、爭取主動。通用電器公司董事長曾說：「我整天沒有做幾件事，但有一件做不完的工作，那就是規劃未來。」對未來的規劃和預見正是超前意識的核心所在。

下棋是個考驗人謀略的技藝。低手只能顧得了一兩步，能手可以預知兩三步，高手則能看出五步、七步乃至十幾步。高手顧大局，謀大勢，不以一子一地為重，以最終贏棋為目標；低手則只顧眼下，寸土必爭，結果往往適得其反。人生就和下棋一樣；我們不能總是光顧著眼前，還得考慮下一步該怎麼走。尤其是當現實生活的不如意讓我們變得麻痺的時候，我們更應該仔細想想，明天又是全新的另一天，明天的我想做什麼？未來的我想成為一個怎樣的人？

　　就在一個星期天的上午，黛薇絲經歷了一件特殊的事情，這件事給了她一次意外的震撼，使她開始重新思考人生。那天，她正在臥室裡打掃，5歲的小女兒艾麗莎跑了進來，鄭重其事地坐到她的身邊，問道：「媽咪，你長大以後想成為什麼？」。黛薇絲的第一個反應就是：她又在玩什麼想像力遊戲了。所以，為了配合女兒，她假裝認真地回答道：「我想，當我長大以後，我願意做一個媽咪。」「你不能這樣說，因為你已經是媽咪了。再告訴我，你想成為什麼？」艾麗莎緊接著問道。「噢，好吧，我想想⋯⋯我長大後要成為一名會計師！」她再一次回答。「媽咪，這不對！你本來就是會計師嘛！」「對不起，寶貝兒，」黛薇絲說，「但是我真的不明白你在期望一個什麼樣的答案。」「媽咪，你只要回答你長大後想成為什麼就可以了。你可以是你想成為的任何人！」

　　黛薇絲愣住了，自己到底還能成為什麼呢？她已經35

歲，已經有了固定的職業，還有3個活潑可愛的孩子，有一個理想的丈夫，擁有碩士學位……對她來說，人生難道還能有什麼其他的改變嗎？

她調整了一下自己，然後用一種徵詢的語氣問女兒：「寶貝兒，你認為媽咪還能成為什麼人？」

艾麗莎看著媽媽，十分肯定地告訴她說：「你可以成為你希望成為的任何人！不過，這要由你自己決定。你可以成為一個太空人，也可以成為一個鋼琴家，或者成為一名好萊塢明星……總之，只要你願意，什麼都可以！」

黛薇絲非常感動——原來在女兒幼小的心靈中，她的媽媽還可以繼續長大，還有許多機會去成為她想成為的人。在她眼裡，未來永遠不會結束，夢想永遠都不過時。

那一次交談過後，黛薇絲開始了全新的生活……她開始早起鍛鍊身體，開始把每晚看連續劇的時間變為「讀10頁有用的書」，她開始用新奇的眼光觀察周圍的一切。

她在改變自己，雖然表面上她並沒有什麼變化，但她的心已經改變了，她時刻在為自己變成另一個新角色做準備。她有了理想和憧憬：我長大以後會成為什麼？

要知道，我們到底能成為什麼人，取決於我們想成為什麼人。如果我們什麼都不敢想，就注定什麼也不是。所以，我們要時刻想著未來，考慮如何規劃未來。

人生的際遇，我們無法估計，但我們有能力把人生的軌跡導入到一條捷徑之中。對於一艘沒有目標的船來說，任何方向來的風都是逆風。所以，我們不能將自己的人生白白浪費在無止境的思索該往哪走的困境中。用發展的眼光看待自己，讓眼界超前行動一步，做一些恰當的預測和規劃，你就會知道路在何方。

美國哈佛大學在30年前曾對當時全國的畢業生做過一項調查，

內容是個人目標的設定和規劃情況。調查資料顯示，沒有目標和規劃的人有27%，目標和規劃模糊的人有60%，短期目標和規劃清晰的人有10%，長期目標和規劃清晰的人只有3%。

　　30年後，哈佛大學再次找到了這些研究對象，並做了新一輪的統計，結果發現，第一類人幾乎都生活在社會的最底層，長期在失敗的陰影裡掙扎；第二類人基本上都生活在社會的中下層，他們沒有太大的理想和抱負，整天只知為生存而疲於奔命；第三類人大多進入了白領階層，他們生活在社會的中上層；只有第四類人，他們為了實現既定的目標，幾十年如一日、努力奮鬥、積極進取、百折不撓，最終成了百萬富翁、行業領袖或菁英人物。由此可見，30年前對人生的展望和規劃情況決定了30年後的生活狀況。

　　這就是超前思維的價值所在。用超前的思維看待自己，你會發現一個更全面、更嶄新的自我。給自己畫一張藍圖，給自己設定一些目標和規劃，明天的規劃、一週的規劃、三個月的規劃，乃至於三十年的規劃。擁有了超前思維，你就有了前進的方向，就能指引自己不斷向前。

## ◎ 反省思維：反省是冠軍的午餐

　　有了未來的藍圖，我們就有了評價的標準。在人生的旅途中，我們應當不時地停下來檢查一下自己，看看自己是不是還在正確的方向上，查查自己的所作所為是否還有可改進之處。所謂「金無足赤、人無完人」，人生就是一個不斷修練、完善自己的過程，只有時時反省自己，才能去除雜質，造就更好的人生。

　　有人說，反省是冠軍的午餐，反省是進步的基礎，反省是成功的階梯。它能使你通過重重考驗，到達人生的另一個輝煌；它能幫你得到更多的協助，使你前進的道路暢通無阻；它能使你認清形勢，從失敗的深淵走向成功的頂峰。

　　　有一位女士養了一隻漂亮的鸚鵡，牠有一個奇怪的毛病就是經常咳嗽，而且咳嗽聲十分濃濁難聽。這位女士以為牠是患了呼吸系統方面的疾病，就帶牠去看獸醫。沒想到經過詳細檢查後，獸醫竟發覺這隻鸚鵡並沒有生病，問題其實出現在這位女士身上。因為她經常抽菸，所以常常咳嗽，這隻鸚鵡只是唯妙唯肖地將主人的咳嗽聲學會罷了。

　　　無獨有偶的是，有位年輕人向心理醫生訴苦，抱怨他的母親十分囉嗦，令人厭煩。經過接觸，心理醫生發現他的母親的確十分囉嗦，但是他同時也發現她本來不是這樣的，她之所以變得囉嗦，是因為她的兒子從來不在她吩咐的時候就把事情做好，總要她三番兩次地提醒，久而久之，就變得囉嗦了。

這兩則故事中的女士和年輕人，一個自己有菸癮，一個自己從來不把母親的話放在心上，卻從來不檢討自己，反省自己的作為，只是「理直氣壯」地把過錯推給模仿主人的鸚鵡和苦口婆心的母親。

　　法國文藝復興時期的作家拉伯雷曾說過：「人生在世，各自的脖上都掛著一面牌子：前面寫的是別人的過錯和醜事，因為經常擺在自己眼前，所以看得清清楚楚；背後寫的是自己的過錯和醜事，所以自己從來也看不見，更不理會。」那位女士和年輕人都是看不到自己過錯的人，如果他們懂得自我反省，就不會輕易「理直氣壯」地責怪別人了。

　　反省是一種謙讓，能夠包容攻擊自己的人；反省是一種自省，能夠檢討自己不當的行為；反省是一種大度，能夠凝聚人氣。善於反省自己的人在遇到挫折時，會換個角度去思考，看到柳暗花明的前景；在與別人發生誤會時，會退一步對待，擁有海闊天空的大氣；在學習中遇到困惑時，會泰然處之，取得茅塞頓開的效果。

　　肯反省才會有進步，所謂「智者事事反求諸己，愚者處處外求於人」。

　　教育心理學家發現，在學習上有兩種人，即內在控制者與外在控制者。內在控制者把自己學業成績的好壞歸因於個人的努力、勤奮程度和能力水準，而外在控制者卻把學習成敗歸結於運氣好壞、學科難易及老師的教學水準，所以，一旦遇到挫折就只會怨天尤人，或乾脆抱著無所謂的態度。不少研究都證明了內在控制者更容易取得進步與好成績，日後的成就也較大。可見，自我批判能力越強，智慧和精神境界往往也就越高，越能創立偉大的成就與目標。

　　其實，平心靜氣地正視自己、客觀地反省自己，既是一個人修養德性必備的基本功之一，也是增強一個人生存實力的重要途徑。有一則故事是這樣的：

　　有一個人對自己的工作極為不滿。有一天，他終於受不了地對朋友說：「我的上司一點也不把我放在眼裡，總有一天我要對他拍桌子，然後辭職不幹！」

　　「你完全瞭解那家貿易公司了嗎？對他們做國際貿易的竅門完全明白了嗎？」朋友反問道。

　　「沒有！」他憤怒地說。

　　「古人說：『君子報仇十年不晚』，我建議你還是先好好地把他們的一切貿易技巧、商業文書和公司組織流程完全弄明白後再辭職不幹，最好連如何修理影印機的小故障都學會。」朋友說。

　　那人覺得朋友的建議很有道理——將公司當作免費學習的場所，將所有能學的技巧與專業知識都弄懂後，再一走了之，既出了氣，又獲得了許多收穫。從此，他默記偷學，甚至下班之後還留在辦公室裡加班，研究商業文書的寫法。

　　一晃一年過去了，有一天，那人又和朋友見面了。朋友問：「你現在大概把公司的一切都學會了，可以拍桌子不幹了吧？」然而，那人卻紅著臉說：「可是我發現近半年來，老闆對我刮目相看，最近更是委以重任，又升官，又加薪，我已經成為公司的重要幹部了！」

　　在不斷的自我反省中，主人翁收穫了更好的工作和更多的認可。而他的朋友之言，對我們也有所啟發。這是段充滿智慧、用心良苦的規勸之語，委婉地道出了人們平時極易出現而又極易忽視的一種毛病：在工作中，當我們在上司的心目中沒有一點地位時，我們常常只知一味地牢騷滿腹，抱怨上司的不公，卻不肯平心靜氣地正視自己，客觀地反省自己，問問自己的能力究竟有多少？是否能匹配自己理想中的職位。回想一下自己往日在工作中的實際表現，

是否能獲得上司和同事的首肯和讚許。如果你既有實力，也有工作表現，卻仍然沒有得到上司的賞識和稱讚，那麼你就需要思考一下自己做事的表現方式是否符合老闆的意願？不要把所有的問題都歸咎於他人，也不要在跌倒的地方一蹶不振。反省自己，抬頭向前，這才是正確的人生之路與成功之路。

　　要知道，反省是水，人生是茶，只有多泡幾遍，茶才會更香更濃。

## ◎ 否定思維：做一個敢否定自己的人

我們常說：「自省的更高境界是自我否定。」當然，否定並不是一個貶義詞。做一個經常否定自己的人，就是多問自己幾個問題，給自己創造一些壓力和挑戰。人，時常需要自我提醒、自我懷疑、自我否定，因為生活具有迷惑性，時常需要停下來進行自我質疑或者向他人請教。可以說，不敢自我否定的人遲早會被別人否定，因為，人最大的敵人就是自己。一個人倘若無法胸襟坦蕩、大膽地剖析自己、懷疑自己、否定自己，就不可能在無知中學會超越自己、發展自己。魯迅曾說過：「我的確時時剖析別人，然而更多的時候是在無情地剖析自己。」

綜觀名人，馬克思曾想成為詩人、安徒生曾想成為演員、魯迅曾經去日本學醫、高斯曾想當作家……但他們都經歷了自我質疑的階段，最終放棄了自己的初衷，進行了自我否定，及時調整了自己的方向，最終成就了自己。當然，自我否定並不是簡單的「否定自我」，而是為了自我成長而懷疑，為了肯定而否定。這種「否定」應該建立在自我修養與學識提高的基礎上，正所謂不破不立，只有敢懷疑自己，否定自己，才能有新的突破與新的作為。

就像很多名導演經常說的：「我最好的作品是下一部」，我們也應如此。沒有質疑自己、否定自己的勇氣，就缺乏前進的力量，就會故步自封。據說齊白石70多歲時曾對客言道：「直到現在我才知道，自己不會畫畫。」這絕不是一句簡單的自謙，更不是妄自菲薄，而是一位臻於化境的大師「衰年變法」後的自我反思和昇華，從而到達一種新的藝術境界的感悟。

否定自己的前提是認識自己。雖說自我質疑、自我否定的過程

## ◎ 強者思維：有對手存在，讓自己變強

　　世界上充滿了競爭。競爭無時不有，無處不在。有競爭就必然有對手。對於我們每個人來說，對手似乎永遠都是與我們相對立的，似乎他就是我們眼前的障礙。學習中的競爭對手、希望和目標的爭奪者，有時甚至還給我們的人生道路帶來諸多不便與坎坷。因此，在現實生活中，總有些人討厭對手、害怕對手，恨不得自己的人生一帆風順，一個對手都沒有。他們把自己的失敗、苦難和挫折都歸結於這些對手的存在，似乎只要這個世界一個對手都沒有了，自己便能過上幸福的生活。但事實果真如此嗎？沒有對手的生活會變成怎樣？

　　在祕魯的國家森林公園裡，生活著一隻年輕的美洲虎。為了保護這種瀕臨絕種的珍稀動物，祕魯人專門闢出了一塊近二十平方公里的森林作為虎園。虎園環境優美，還有人工飼養的成群的牛、羊、兔、鹿供美洲虎獵食，參觀的遊客都認為這是美洲虎生活的天堂。然而，讓人感到奇怪的是，從來沒有人看見美洲虎去狩獵過那些專門為牠預備的「活食」，也從來沒有人看見過牠威武的王者之氣。只見牠吃了睡，睡了吃，整天趴著，無精打采。

　　有人以為牠是太孤獨了，有個夥伴興許就會好起來。於是祕魯人從哥倫比亞租來一隻母虎與牠做伴，但結果還是老樣子。最後，公園不得不請來一位動物行為學家。這位專家見到美洲虎那副懶洋洋的樣子，便對管理員說：「老虎是森林之王，在牠所生活的環境中，不能只放上一

群整天只知道吃草，不知道獵殺的溫馴動物。」管理員們
聽從了專家的意見，便引進了幾隻美洲豹。這一招果然有
效，自從美洲豹進入虎園的那天起，這隻美洲虎就再也待
不住了。牠每天不是站在高高的山頂上憤怒地咆哮，就是
如颶風般衝下山崗，或者在叢林的邊緣地帶警覺地巡視。
老虎那種霸氣十足、剛烈威猛的本性被重新喚醒了，牠又
成了一隻真正的老虎，成了真正意義上的森林之王。

沒有對手的世界並不是天堂。動物如此，人也是一樣。

一種動物如果沒有對手，就會變得死氣沉沉，就像上文的故事
所說的那樣，沒有美洲豹的挑戰，珍貴的美洲虎也只會變成籠子裡
的熊貓。同樣的道理，一個人如果沒有對手，那他就會甘於平庸，
養成惰性，最終導致碌碌無為。

所以，擁有一個對手，尤其是強勁的對手，反倒是一種造化、
一種幸運、一條警策鞭、一劑強心針、一副推進器。對手是一種動
力，時時激勵、推動著我們前進。因為有了對手，我們時刻會有危
機四伏的壓力，會激發出我們更加旺盛的精力和鬥志，迫使我們排
除萬難，克服一切艱難和險阻去奪取勝利。

只有儒弱的人才害怕對手，害怕競爭。真正的強者從來不畏懼
競爭、不畏懼對手的存在。強者思維正是激勵我們不要害怕競爭，
不要害怕對手，要懂得這些對手的存在是為了讓自己更強大。對手
是自己的壓力，也是自己的動力。往往對手給我們的壓力越大，由
此而激發出的動力就越強。我們與對手之間的關係，既是一種對
立，也是一種統一，既相互排斥，又相互依存，既相互壓制，又相
互刺激。比如說，可口可樂與百事可樂，正是在這樣的相互競爭與
相互促進中，雙雙成為世界的知名品牌。

有可口可樂的地方就有百事可樂，「二樂」之間的競

爭已經有百年的歷史。產品的同質化，使大多數人都分不清楚兩款可樂的口味，二者之間的競爭由最初的價格競爭上升到品牌競爭、文化競爭，乃至新品開發競爭，目前都在搶佔果汁飲料的市場。在媒體推廣中，二者也有很多相似之處。有競爭才有發展，在競爭中，「二樂」逐漸發展成了全球品牌、世界品牌。

據說，世界上的第一瓶可口可樂是在1886年誕生於美國，距今已有124年的歷史。這種神奇的飲料以它不可抗拒的魅力征服了全世界數以億計的消費者，成為「世界飲料之王」，甚至享有「飲料日不落帝國」的讚譽。世界上第一瓶百事可樂同樣誕生於美國，它的問世時間比可口可樂晚了十幾年，它的味道與配方絕密的可口可樂相近，於是便藉可口可樂之勢取名為百事可樂。

百事可樂，這悄然誕生而後注定要成為可口可樂霸主地位最有力挑戰者的飲料最初的經營極為慘淡，曾兩次宣告破產，它甚至主動提出過將公司賣給可口可樂公司，但被斷然拒絕。

後來也有人感慨過，可口可樂的經營者當時竟沒有意識到：他們從籠子裡趕走了一隻原本自願就縛的可怕猛虎。幾十年後這隻猛虎將要奪走他們的霸主寶座，奪走他們的大部分市場。但從另一方面來講，也正是因為可口可樂自己培養了一位可敬的對手，才能在相互競爭中雙雙成就霸業。正是有百事可樂在身後不斷追趕，可口可樂才能毫不懈怠地從口味、包裝、行銷、價格等各方面改進自身。也正是因為有可口可樂這樣強勁的對手在前面引領，才使得百事可樂在挑戰中絞盡腦汁，使自己飛速發展。

這就是對手的價值所在。真正的強者，總是歡迎對手的出現，

尤其是與自己旗鼓相當的對手。對手猶如一面鏡子，能照出你自己真實的模樣，也能激勵你去不斷學習，不斷進步。對手是勇士的知音，是懦夫的剋星。勇於與強手過招是一種境界。正是在與那些狡猾的、有力的、難對付的對手進行對抗的過程中，才能閃耀出自己生命的光彩。也只有戰勝了這樣的對手，才是人生最值得高興的事。即使在競爭中折戟沉沙、一敗塗地，我們也應該感謝對手，因為正是他們讓我們感受到曾經奮鬥過的絢爛與壯美。

## ◎ 危機思維：居安思危，未雨綢繆

有句古話說得好：「生於憂患，死於安樂」，意思是說人要有憂患意識。用簡單的話說，就是要有危機意識。晴帶雨傘，飽帶乾糧──未雨綢繆總是好的。

也許有一些人會固執地說，自己命好運好，根本不必擔心明天會如何，也不必擔心有什麼順境與逆境之分，因為你自以為能夠「逢凶化吉」。如果真能如此，那可真是令人欣慰，但問題的關鍵是，你真的能用命、好運氣好解決一切難題嗎？

科學家做過這樣一項實驗：把一隻青蛙放到盛滿熱開水的大鍋裡。這隻青蛙一入水，便立刻感覺到環境的變化，於是迅速掙扎，想要跳出鍋子，雖受輕傷，卻避免了被煮熟喪命的命運；第二次，科學家把一隻青蛙放到盛滿涼水的鍋子裡，然後，用小火慢慢加熱。青蛙沒有感受到溫度的慢慢升高，一直在水中輕快地游動。隨著水溫逐漸升高，青蛙的游動漸趨緩慢。等到溫度升得很高時，青蛙已變得非常虛弱，無力掙扎了，最終被煮熟而死去。

兩隻青蛙不同的命運告訴我們，舒適的環境容易使人耽於安樂、喪失鬥志。任何個人乃至組織都應學會居安思危，加強危機意識。否則，即便是有應激反應能力，在遇到危險時也於事無補。所以，即使現在我們擁有良好的生存環境，但要想獲得成功，我們必須要有危機意識並做好預防措施。然而，也許有人會說未來是不可預測的，「是福不是禍，是禍躲不過」，既然如此，何妨一切隨

緣，又為什麼要有危機意識呢？

　　的確，未來是不可預測的，而人也不是時時走好運的，不管預測得多準確，「萬一」總是會在不經意間出現。正因如此，我們才更要有一種危機意識，在心理及實際行為上有所準備，好應付突如其來的變化。如果沒有準備，不要談應變，光是心理受到的衝擊就會讓你手足無措。而具有危機意識，或許不能把問題徹底消除，但卻可以把損失降到最低，為自己留下退路。

　　不可否認地，人都是有惰性的，一旦過著安逸的日子，每個人就都可能像溫水裡的青蛙一樣，也許周圍的環境已經有所變化，但我們卻還沒有意識到。等到真正意識到時，卻早已無力回天。

　　看不到差距是最大的差距，沒有危機是最大的危機。有一句話說得非常好，如果一個人連危機意識都沒有了，危機便會像決堤的河水一樣席捲而來。市場競爭不同情和憐憫弱者，它不相信眼淚，不具備情感，要不就逆水行舟，要不就順勢淘汰。因此，在這個競爭激烈的社會裡，更需要危機意識，危機意識會讓人保持活力。

　　挪威人喜歡吃沙丁魚，尤其是活的，因此漁民總是千方百計地想讓沙丁魚活著回到漁港。其中，有一條船上的沙丁魚神奇地大部分都能活著回到漁港。原來，船長在裝滿沙丁魚的魚槽裡放入一條以沙丁魚為主食的鯰魚。鯰魚進入魚槽後便四處游動，沙丁魚見了鯰魚十分緊張，便四處躲避加速游動，如此一來沙丁魚便活蹦亂跳地回到了漁港。可見，沙丁魚是受了外界的刺激和壓力才保持了生機和活力。

　　居安思危，既是興奮劑，也是清醒劑；既算心態，也屬精神；既靠意志，更需行動。在現實生活中，我們要學會和善於實行「差距管理」，做到居安思危，危則有備，有備則無患。不難發現，國內外許多知名企業家都把危機意識融入到企業文化中，比爾‧蓋茲就曾對員工說過：「請記住，微軟離破產永遠只有18個月」。

　　企業要發展，就一定要有「居安思危，未雨綢繆」的憂患意

識。企業是這樣，那個人呢？在市場競爭如此激烈的今天，你的危機意識有了嗎？夠了嗎？

也許你現在的處境很優越，有時間、有能力一步步走向自己嚮往的生活；也許你淡薄名利，只想過簡單的生活而沒有太多的欲望，但這並不意味著危機不存在，只是它還沒有來到你的身邊。在現代商業環境中，危機總是悄然而至，讓你猝不及防。

我們要明白，危機實際上是客觀存在並時刻左右著你的。只有意識到危機的存在，才會有動力的產生。未來是不可預測的，唯有防患於未然，我們才可以臨危不懼，處之泰然，轉「危」為「安」，甚至可以借機趁勢，實現人生另一個華麗的回轉。

俗話說：「人有旦夕禍福」，即使你現在生活安逸平靜，也不妨常想想：如果對方毀約了，我還能不能找到彌補的辦法？如果有意外情況的發生，以後的日子該怎麼過？如果明天企業倒閉了，我的出路在哪裡？世界上沒有永恆不變的事物，人心也會變，萬一有一天你信賴的人，包括朋友、親戚突然之間變心了，該如何應對？萬一自己的身體健康出了問題，又該如何處理呢？

所有的事情你都要有「萬一……怎麼辦」的危機意識，並且要做到未雨綢繆，預先做好充分的準備，隨時把「怎麼辦」握在手心裡。畢竟，人最怕的就是過上安逸的日子，那樣很容易讓人變得毫無鬥志。有的人一直過著看似平靜的生活，以為一輩子也就將這樣過下去，因此沒有考慮到任何意外的發生。因而當有一天，變故真正出現的時候，就變得驚惶失措，不知該如何應對。所以，不如從現在開始，就做最好的準備，以防擔心的「萬一」真的會發生在我們的身邊。

## 全面思維：只有全面才能立足

不難發現，我們在遇到一個問題的時候，很容易掉入問題的陷阱之中而產生錯誤的判斷，進而影響行動。古人有杞人憂天者就是因為按照自己的認知，想當然爾地去看待一個問題，而使自己陷入了困境，追根究柢是因為他脫離了客觀現實，片面地去看待問題，所以有了錯誤的判斷。

有這樣一個寓言故事，說的是有四個小孩在山頂上玩耍，當他們玩得正起勁時，突然從山頂處竄出了一隻大狗熊。

第一個小孩反應特別快，拔腿就跑。他是學短跑的，一口氣跑了好幾百公尺，才感覺身後沒動靜，回頭一看，其他三個小孩都沒動，就向三個小孩喊：「你們三個怎麼不跑呀！狗熊來了會吃人的。」

第二個小孩正在繫鞋帶，回應說：「廢話，誰不知道狗熊會吃人呀！別忘了狗熊最擅長長跑，你短跑跑得快有什麼用！我不用跑贏狗熊，待會兒我跑贏你就行了。」說完就問旁邊的小孩：「你愣著做什麼？」

第三個小孩說：「你們跑吧！跑得越遠越好，待會兒狗熊靠近我的時候，我就保持安全的距離，帶著狗熊到我爸的森林公園，平白替我爸帶回一份固定資產。」說完，就問第四個小孩：「那你怎麼不跑呀？」

誰知第四個小孩竟說：「你們都瞎跑什麼呀！狗熊是不輕易吃人的，你們看山那邊有一群豬，狗熊是朝著豬跑

去的，你們跑什麼呀？」

高明的眼界對一個優秀的人來說，是必不可少的，而高明的眼界就來自於能夠全面地看待事物。要讓自己成為一個優秀的人，就必須全面地去看待問題，綜觀事物的全局，從大的方向著眼。一旦出現問題，就要想辦法解決它，但卻不能被問題本身所限制，要發揮我們的思考能力，從全局上去瞭解事物的整體形態及它所處的環境，再結合我們對事物內部的認識和瞭解，就能很容易得到對事物較全面的認識。如此一來，結合個人的經驗，要解決問題就不難了。

猶太人有這樣的思考習慣，倘若有一個人說出了一種觀點，那另一個人就必須反對他，因為他們認為一個人的意見一定是不客觀的。所以，當兩個猶太人在的時候，就至少會有三種觀點，而當三個猶太人在一起時，就至少要有四種觀點，唯有如此，他們才覺得他們的觀點是相對客觀而能實際應用的。要想做到全面地看問題，就要學習從多個角度看問題。

有這樣一個故事：

有一朵淡紅色的花盛放在馬路邊，人們經過它時，詩人說它是「美好春天的使者」；植物學家把它歸類為「草本複葉的薔薇科植物」；藥物學家把它當作「具有清涼解表功效，可烘乾煎服的止痛藥」……最後，清潔工把它作為「有礙市容的東西」掃進了垃圾箱。

這個故事給我們的啟示是：我們每一個人的經歷、價值取向、知識層次都是有區別的，對同一事物的觀點和看法也會有所差異。因此，看問題要從多個角度。當別人的觀點和自己不同時，如果固執己見、不採取有效的解決方式或體諒對方，就容易產生矛盾乃至

衝突。正如「世界上沒有完全相同的兩片樹葉」一樣，我們怎能苛求他人的想法和自己一致呢？遇到問題時，應當尊重他人的權利與想法，透過溝通，增進彼此間的瞭解，以求認同、理解和支持。

「橫看成嶺側成峰，遠近高低各不同」。世上萬事萬物都是紛繁複雜的，從不同的角度會看到不同的影像。從多個角度看問題是理解和認同的基礎，是處事理智和周全的保證。站在不同的角度觀察同一事物，會產生多種結論。

「盲人摸象」的故事中，三個盲人摸到象的不同部位，就以為整隻象就是他所摸到的部分的樣子。這種例子在人們認識事物的過程中經常發生。關於岩石的成因，在歷史上曾經有過兩大學派，一派是火成說，他們因為岩漿中有氣孔，呈流動狀態的性質，認為岩石來自地球內部，是火山噴發造成的；一派是水成說，他們看到沙岩、石灰岩的層理就認為岩石是來自水的沉積作用。

然而，在科學史上，無論火成說還是水成說、光的波動說還是微粒說、生物中的進化論還是突變論，其在一定程度上都和盲人摸象相似，都只是事物的一個側面罷了。

有時候，我們只看到某些事物的優點而忽略它們的弱點，有時候我們只看到某些事物個體的存在，卻沒有看到它們其實是處在一個更大的關係鏈中。我們往往在做過某件事情後，才後悔當初做決定時沒有多考慮一些。所以說，用全面思維進行思考，才會得出更接近事物本質、更符合事實真相的結論。

## ◎ 自律思維：學會自己管理自己

　　所謂成功的關鍵，在於管理自己，而不是領導別人。自律，就是「約束自己、管理自己」。從整體上來說，它是一種群體的思想品質的體現；從個人角度來說，它是對一個人意志力的考驗。普羅圖斯曾說：「能主宰自己靈魂的人，將永遠被稱為征服者的征服者。」勃朗寧也說：「一個人一旦開始了征服自我的戰鬥，他便是值得稱讚的人。」

　　傑瑞‧萊斯被公認為美式足球前衛接球員的最佳代表，他的球場表現便是最好的證明。熟悉他的人說他是個天生的運動員，他的體能天賦驚人，而且罕見，任何一位足球教練都想擁有這樣天賦優異的前鋒球員。獲選進入美式足球名人榜的明星教練比爾‧華西發出這樣的讚歎：「在我們所認識的人當中，沒有一個能及得上他的體能。」單是這一點還不能使他成為傳奇性的人物，在他卓越成就的背後有一個真正的原因，那就是他的自律能力。他勤練身體，每一天都在為攀越更高的境界而準備。可以說，在職業美式足球界，很少有人像他這樣自律。

　　萊斯的自我鞭策能力，可以從他體能訓練的故事說起。當他還在高中校隊的時候，每次練習之前，摩爾高中球隊教練查理斯‧大衛士都規定球員以蛙跳的方式往返一座40碼高的山丘，來回20趟後才能休息。在密西西比炎熱而潮濕的天氣下，萊斯在完成第11趟後就感到吃不消而打算放棄。當他打算偷偷地回球員休息室時，他意識到了自己的行為。「不可以放棄，」他對自己說，「因為一旦養成半途而廢的習性，你就會把它視為平常。」於是他重新回到練習場上完成他的訓練。從那時起，他再也沒有半途而廢過。

　　成為職業球員後，萊斯又以攀越另一座山丘而聞名。這是一處位於加州聖卡洛斯的野外山徑，全長約有2.5里，萊斯每天在此鍛鍊體能。有一些足球明星偶爾也來參加練習，但是沒有一個人能夠追得上他，全被他遠遠地拋在後頭，人人都對他的體力讚不絕口。其實，這只是萊斯固定練習的一部分而已。當賽季結束後，其他球員都去釣魚或享受假期，萊斯卻仍舊保持往日的作息規律，每天從早晨七點鐘開始做體能訓練，直到中午。有人曾開玩笑說：「他的身體已經鍛鍊到了極致完美的狀況，連功夫明星跟他比起來都只像是個拳擊沙包。」

　　「許多人所不能瞭解的地方是，萊斯總把足球賽季看成是一年365天的挑戰。」美國職業足球聯盟明星凱文‧史密斯這麼描述他：「他的確天賦過人，然而他的努力更是凌駕於他人之上，這正是好球員與傳奇性球員的分野。」

　　萊斯後來在專業領域中登上了另一座高峰：他遭受了一次極為嚴重的運動傷害。在這之前，他已經創下連續19年比賽從不缺席的紀錄，這也是他高度自律的品德及超強韌性的證明。當他的膝蓋於1997年8月31日在球場上受到嚴重傷害時，人們以為他的足球生命就此結束了。因為就歷史紀錄來看，只有一位球員在這種傷害後，還能在足球賽季內回到球場比賽，那就是羅德‧伍德森，他用四個半月的時間完成復建，創下職業球賽歷史的紀錄。然而萊斯卻只花了三個半月就康復了，靠的就是他堅毅的決心及令人難以置信的自律。他恢復的速度令世人大開眼界，可說是前所未有，也難有人能再出其右。萊斯因此得以再次回到球場上縱橫馳騁，並為球隊贏得勝利。

　　傑瑞‧萊斯的經歷顯示了自律所具有的強大力量，沒有任何人可以在缺少它的情況下獲得並且持續成功。我們甚至可以說，無論一個人有多麼過人的天賦，若不能自律，就絕不可能把自己的潛能發揮到極致。它能促使人們一步步攀向高峰，也能使個人能力得以

卓有成效地維持。

　　自律是什麼？柏拉圖說自律是一種秩序，一種對於快樂與欲望的控制。因此，當我們面對成功者時，不要問他們是如何做到的，而要問為何自己做不到？成功的關鍵在於是否能夠克制、管理自己，是否能夠經得住誘惑。「為」與「不為」，全在一念之間。

　　　　美國有心理學家曾做過一個實驗：他將一群小孩子安置在同一個房間，並放上糖果，並告訴這些孩子糖果只能等工作人員回來再吃，然後用隱藏的攝影機觀察他們。結果發現只有少部分孩子克服了糖果的誘惑，而大多數都吃下了糖果。之後工作人員繼續進行追蹤調查，發現這些克服了誘惑沒有吃糖的孩子成人後在事業上大多很有成就，而吃了糖的那部分孩子卻少有成就，且失業率很高。

　　這個實驗從另一方面反映了自律的力量。人生在世數十載，那些燈紅酒綠之中的誘惑，又豈是小時候的幾顆糖果可以比擬的？這便是考驗人們自律能力的時候。在有人監督的情況下表現好並不難，難的是不管是否有外力在，都能始終如一地堅持自己的原則與立場。依賴別人來管理自己的人，永遠也成不了管理別人的人。唯有先管理好自己，才有能力去管理和領導生活中的其他方面。有這樣一則小故事：

　　　　有一天，有一個孩子吵著要媽媽帶他去釣魚。「孩子，明天才能解禁釣魚呢！」媽媽勸慰道。可是孩子已拿好釣魚竿，不死心地非要媽媽同去不可。
　　　　放好誘餌，小孩將魚線一次次甩向湖心，在落日的餘暉下泛起陣陣連漪。忽然，浮標動得厲害，他知道一定是有大魚上鉤了，猛地將線用力拉起，他的眼睛亮了——

哇！好大的鱸魚。月光下，魚鰓一開一合地翕動著。

「你得把牠放回去，兒子。」

母親嚴肅地說，孩子傷心地掉下了眼淚。環顧四周，並不見人影，但孩子知道，未到解禁時間，母親的決定不會改變。猶豫躊躇了很長一段時間後，孩子最終把那條好運的鱸魚扔回湖裡。

後來，這孩子成為紐約市著名的建築師。童年時候的事使他終生感謝他的母親，因為是母親讓他懂得了誠實和自律。那次他雖然沒有得到大魚，但在人生中卻獵取到了更大的一條魚——事業上的成績斐然。

一條魚教會了孩子自律，只有當人懂得自己承擔責任並不只是為了別人的目光時，他才算真正的長大，他也才能夠規劃自己的人生。可是在我們生活中有很多人，雖然已經走入社會、從事了某些工作，但在某些方面卻是真的沒有長大，連管理自己的能力都沒有，何談管理別人？

我們常常被惰性所拖累，遲遲不願執行已經計畫很久的事情，或是被欲望所引誘，無暇顧及自己的立場和原則。有多少人是鬧鐘響了很久也遲遲不願醒的？又有多少人是說不喝酒就不喝酒的？不要給自己軟弱的理由和藉口。要知道，人世間最頑強的「敵人」就是自己，最難戰勝的也是自己。自律就是要與自己進行對抗，管理自己的各種欲望和惰性。

一個自律的人應該是一個懂得自愛、勇於自省、善於掌控自己的人。自律能使人明於自知，使人養成良好的行為習慣，使人學會戰勝自我，並建立良好的人際關係。同時它也是一個修養的起點和基本要求，也是一個人行動自由所必需的條件。一個人能夠自律，說明他的修養已達到了較高的境界。

要想邁入成功者的行列，就要用自律的精神管理自己，不要放

縱自己。應當時刻記住，只有把自己管理好了，才有可能去管理其他事物。

# ◎ 專家思維：努力讓自己成為行業裡的專家

都說現在找工作不容易，但為何有的人卻能順利就業且表現出色，而有的人卻不停地換工作，而且在工作時的成績也不理想呢？其中的差距到底在哪裡？

現代社會需要的是專家。尤其是在社會分工越來越細的情況下，你唯有讓自己也足夠專業，才能在這個大環境中游刃有餘。百步穿楊、一箭雙雕的射箭技術是專業技能、庖丁解牛「不以目視而以神遇」那樣游刃有餘的功夫，也是專業技能。只要能具備這樣嫻熟優秀的專業技能，不怕自己不成功。

真正成大事的人，是那些知識豐富並對某一領域特別熟悉的人，他們有著專業的知識、充足的經驗，並能將其巧妙運用，從而獲得成功，實現自我價值。

美國的拿破崙·希爾博士寫道：「人類的知識可分為兩大類：一類是普通知識，另一類是專業知識。普通知識不論其類別和種類有多少，對於聚斂金錢來說，很少能派得上用場。它是基本的、積聚性的，是大學各科系所具備的，幾乎所有文明社會都明白。」

接著，希爾博士進一步指出：「人若想成就一番大事業，就一定要將自己所做的事情專業化。能真正成大事的人是那些有特殊知識的人，他們能把自己智慧的靈光發揮得淋漓盡致，在追求中將普通知識昇華為自己的特殊知識，從而獲得成功。」

有研究資料證明了希爾博士的觀點。美國著名統計學家、民意調查的創始人喬治·蓋洛普後裔所建構的蓋洛普組織，從《今日美國名人錄》中隨機挑選了1500位有貢獻的人，研究他們成功的祕密。結果發現，每一位成大事者都擁有很高深的專業知識。

世界首富比爾·蓋茲的電腦天分與知識自不用說；香港地產大王李嘉誠也是個不折不扣的地產專家；世界船王包玉剛是一部航運百科全書；澳大利亞的傳媒鉅子默多克在世界舞台上亦常有大手筆，他對傳媒瞭若指掌。再如百年前的諾貝爾，他是一個化學家，在其研製炸藥成功後，他創辦了公司，並留下了一筆900萬美元的基金——他運用其自身純粹的知識而獲得了財富。

　　今日，這些科學家運用知識開拓創新並累積財富的成功事例，仍然具有啟迪作用，它告訴我們：若想成就一番偉大的事業，你必須以雄厚高深的知識作基礎，一個人所累積的知識與他的成功大小是有一定關係的。

　　菲利浦·奧克斯萊是著名的坦尼克石油探勘生產公司的創立者、歐洲坦尼克的主席。他認為他的成功是由於精通石油專業知識，他透過親自進行探油、採油的工作，掌握了第一手的專業知識。他說：「一個人若想成為一位優秀的管理人才，首先必須對他所從事的行業知識有實際經驗上的瞭解。」事實上，他的專業知識為他賺得了不菲的財富。

　　菲利浦認為，「掌握專業工作必需的知識」是成功公式的一部分。值得注意的是，他獲得專業知識是透過自學，而不是透過正規學校。

　　車位工業集團的副總經理曾說：「再沒有什麼能比精通自己正在做的工作更能幫助你獲得成功的了。它就像你所持有的能力的保險單一樣，它能減少風險和徒勞。」在知識大爆炸、資訊產業化的今天，專業知識已成為這個社會中最直接、最有力的「資產」，我們將自己的理想轉變成現實的成功，把我們的知識轉化為現實的權力、財富。一個擁有專業知識的人，可以透過不同的方式及途徑，提供自己獨特而又卓有成效的服務，以達到幫助他人克服困難、提高生活品質、發揮自身潛能的目標。

　　在現實生活中，有些人活得十分快樂與舒適，而另外一些人的

生活中卻充滿了苦澀與艱辛；有些人極為富有，甚至富可敵國，而
另外一些人卻窮困潦倒、終生貧寒；有些人一帆風順、錦衣玉食，
而另外一些人則常抱怨不得志、心懷不滿。這是因為他們各自的知
識水準與應用能力不同。那些沒有充分發揮大腦智慧、運用自身知
識去開拓創新的人便淪為人生的失敗者，處處顯得可憐。

　　現代社會的競爭極為殘酷，所以，要想做一個成大事的人，
你就要在你所從事的行業或部門中成為一流的人才，必須要擁有專
業知識且具備開拓創新的能力，更重要的是它們要能高別人一籌，
如此一來你就會逐漸變得游刃有餘，能夠大展身手了。你會以你的
知識能力很快獲得別人的肯定與注意，逐漸受到重視，不斷得到尊
重。

## ◎ 升級思維：不斷充實自己，才能贏在起跑點上

在這個瞬息萬變的時代，你是否已感到多年的經驗可能會因為新技術的革命而在一夜之間變得一文不值？是否覺得自己在工作中的優勢已越來越弱，自身價值得到充分展現的可能性也越來越小了？

在社會發展日新月異、知識更新速度不斷加快的年代裡，「充電」已經成為人們改變職業方向、提升職場競爭力的重要途徑。人在職場，如逆水行舟，不進則退，這已經成了越來越多人的共同感受。

工作中開始出現你不懂的東西：有些新設備你從未使用過、有些新技術你從未學過、有些新名詞你從未聽說……總之，你遇到了一定的「技術障礙」，感到過去的知識已經有些不夠用了，此時，當然不能坐等被淘汰的命運，而要讓自己盡快跟上知識更新的腳步。

人生需要不斷地充電。整個社會都在不斷更新，如果你不提升自己，那麼唯一的後果就是被社會拋棄。只有不斷地充實自己，才能贏在起跑點上。

大多數人從學校畢業，進入社會後就失去了進取之心，得過且過，也不再有什麼進步。反之，學生時代即使不顯眼，但出社會後仍然勤勉踏實主動學習的人，往往都會有長足的進步。對於成功的目標來說，一個人步入社會時擁有多少知識並不產生決定性作用，他自我進修的態度才是決定事業成長高度的最大因素。

追求傑出的人從不會停止自我進修。美國著名政治家艾爾因為家貧，小學未畢業就輟學了。依靠不懈地勤奮努力，他於30歲當選

為紐約州議員。這時他的知識依然貧乏，甚至看不懂那些需要他表決的法案，但艾爾並不氣餒，他每天在工作之餘堅持自學，如饑似渴地學習那些他需要瞭解，但當下卻不明白的知識，有時他一天要讀書16個小時。而且，他將讀書的習慣一直堅持下去。在當選為紐約州州長的時候，艾爾已經成為一位學識淵博的人。他曾四度出任紐約州州長，而且先後有六所大學授予他名譽學位。

優秀的人物從不認為自己的學識已然足夠，相反地，他們幾乎一致認為自己所知甚少，需要靠不斷學習來滿足工作的需要。越是優秀的人越不滿足於現狀，反倒是平庸之輩對自己的學識能力頗為自得，他們覺得工作中已經沒有自己陌生的東西：接觸的人都很熟悉，工作得心應手，很少遇到難題，輕輕鬆鬆就能完成工作。

但是，千萬不要因此就停止自我學習。因為社會的整體素質正在不斷提升中，一些文憑比你高，專業知識比你豐富的人可能會加入到你這個行業，成為你的挑戰者。那你就更有必要適時充電，以抵擋一波又一波實力不凡的競爭者。

有些人的職場之路可能很順利，以至於他們覺得一輩子都可以這樣。假設你大學時學習的剛好是目前很熱門的專業，由於相關的人才很少，你極可能輕易地就享受到高職、高薪。但正因為熱門，必定有更多的人開始學習這一專業，他們掌握的技術也更成熟，將來極可能把你淘汰出局。假設你遇到一個特別賞識你的老闆，你也可能順利衝上許多人都望塵莫及的職位，但這個老闆真的能一輩子庇護著你嗎？不管原因為何，順利的狀況總是不能持續很久，在一個競爭激烈的時代，辛苦打拚才是生活的常態。所以，當你感到過於順利時，反倒要引起警惕，及時充電升級，以應付未來的變化。NBA球星邁克·詹姆斯就是這樣一個不斷自我提升的人。

邁克·詹姆斯是NBA一位不折不扣的「流浪球員」，
從他2001年進入NBA至今，詹姆斯一共換了八支球隊。

在活塞隊期間，他為自己贏得了金光閃閃的NBA總冠軍戒指。另一方面，是因為他隨時都在為自己充電。他沒有參加過NBA選秀，而在2001年以自由球員的身分和熱火隊簽約，此後便一直邊實際在球賽中打球邊自我成長著。

2008年，還在火箭隊打後衛的邁克‧詹姆斯出席在史丹佛大學舉辦的球員商機發展聯合會，接受職業生涯規劃的教育。邁克‧詹姆斯曾在杜昆大學獲得兒童心理學學士學位，他希望史丹佛大學的課程能有助於他日後成為一個出色的商人。

的確，球員總有退役的那天，但是生活不會因此而停止。有了這樣的學習經歷，當詹姆斯離開球場的時候，我們有理由相信他將迎來同樣精彩的另外一段旅程，因為他已經做好準備了。

要想得到成功的青睞，就及時地給自己充電，為成功的天平增添砝碼！

## ◎ 無邊界思維：心有多大，舞台就有多大

　　在現實生活中，我們很容易就知道自己從何而來，關於自己的歷史與過去，我們雖算不上如數家珍，但也都有清晰的記憶；我們也不難明白自己身在何處，自己在做什麼，因為每個當下都是那麼短暫，隨意便能捕捉。但這些過去的我、現在的我等歷史的存在以及日復一日的今天，往往束縛了我們的眼界，把我們困在當下，就像繞著磨盤轉圈的驢子，總在一個地方打轉。而更重要的是，這個磨盤很多時候都是我們自己製造出來的。我們總會告訴自己：「我沒有學習過這塊領域的專業，那些困難的工作我做不了。」或者告訴自己：「我就是個打雜的，所以就只能做接電話、拿快遞之類的事。」

　　然而，成功人士告訴我們，不要被那無形的牢籠限制住，永遠繞著磨盤打轉；不要給自己貼上任何標籤，你現在是某種身分不代表你永遠都會是這種身分；不要被過去和現在的你束縛，過去的你不代表今天的你，今天的你也不是未來的你。千萬不要將自己畫地自限，很多時候，是我們自己給自己造了天花板，是我們自己把自己限定在一個小圈圈中。把所謂的條條框框、各種標籤還有無謂的邊界都拋棄，你會發現：心有多大，舞台就有多大。

　　前蘇聯火箭之父齊奧爾科夫斯基在10歲時染上了猩紅熱，持續好幾天的高燒引起了嚴重的併發症，使他幾乎完全喪失了聽力，成了半聾。他默默地承受著孩子們的譏笑和無法繼續上學的痛苦。他的父親是個森林巡守員，整天到處奔走，因此，教他讀書寫字的重責大任就落到他的母

親身上。透過母親耐心細緻的講解和循循善誘的輔導，他進步得很快。

　　可是正當他充滿信心地自學時，他的母親卻突然患病去世了，這突如其來的打擊，使他陷入了極大的痛苦。他不明白，生活的道路為什麼這樣艱難？為什麼這麼多的不幸都要降臨到他的頭上？他今後該怎麼辦？沒想到他的父親竟撫著他的頭說：「孩子！要有志氣，靠自己的努力走下去。」是啊！學校不收、別人嘲弄，今後只有靠自己了。

　　年幼的齊奧爾科夫斯基從此開始了他真正的自學道路。他從小學課本、中學課本一直讀到大學課本，自學了物理、化學、微積分、解析幾何等課程。就這樣，這樣一個耳聾、沒有受過任何教授指導、從未進過中學和高等學府的人，由於始終如一的勤奮自學、刻苦鑽研，終於使自己成為一位學識淵博的科學家，為火箭技術和太空航行奠定了理論基礎。

　　可以說，心態決定一切。「不可能」或「沒辦法」常常是庸人和懶人的託辭。而堅信「沒什麼不可能的」，才是一流人才對自己的基本要求。不要給自己設限，因為沒有什麼不可能。面對任何事情，我們每個人都要積極動腦，想盡一切辦法，付出艱辛的努力去完成，而不是尋找託辭，哪怕是看似可以原諒的理由。「在生命的重要時刻，我們卻對發生在自己身上的事物無能為力，只能聽天由命——這是世界上最大的謊言。」人應該能主宰自己，有改變世界的能力和信心。

　　要知道，生活充滿了無限的可能。今天的你也許還在一個普通的崗位上做著極其瑣碎的整理工作，也許今天的你還在一個偏遠的小鎮上安靜地生活，但生活就是這麼奇特，也許明天或者將來的某

一天，你就可能走出去，開拓一片更廣闊的新的天地。所以人要堅信，沒有什麼是不可能的。給自己一個機會，你會發現更廣闊的天空。

# 第 2 章

# 在職場中勝出的
# 10個關鍵思維

職場如戰場，商海無平時。經歷過金融危機的洗禮，這片領域的競爭會更加激烈。每個人都在努力打拚屬於自己的一片天空，誰不想出人頭地？誰不想一鳴驚人？作為一名普通的職員，要想在公司中嶄露頭角，獲得老闆的青睞、同事的欽佩、客戶的讚許，就一定要掌握在職場打拚中勝出的十個關鍵思維。

## 敬業思維：做完工作再休息

在工作中，我們經常會聽到這樣一些消極的聲音，例如：「公司又不是我的，將來怎樣與我有什麼關係」、「上班這件事，不就是當一天和尚撞一天鐘嘛」、「工作差不多就行了，何必那麼較真呢？」……毋庸置疑，這些都是企業員工不敬業的典型表現。

何謂敬業？簡單來說，敬業就是認清自我所扮演的角色，堅守自己的職位本分，並秉持「一分耕耘、一分收穫」的工作態度，去面對自己所從事職業的各項挑戰。一個人無論從事什麼行業，扮演何種社會角色，都應具備認知自我、督促並調適自己去面對不同挑戰的能力。能做到這些，也就初步顯示了一個從業人員的敬業精神，也是有朝一日自己獨立創業、立業成功的基石。

在當今這個競爭激烈的時代，每個人要想獲得成功或得到他人的尊重，都必須對自己所從事的職業、對自己的工作保持敬仰之心，視職業、工作為天職。曾有一項國外調查證明，如今，學歷文憑已經不是公司招聘員工首先考慮的條件。大多數雇主認為，員工的敬業精神是他們最優先考慮的，其次才是專業技能，接著是工作經驗。毫無疑問，在現代社會，敬業精神已被視為企業遴選人才時的重要標準，無數優秀人士的成功案例都證明了這一點。

20世紀50年代初的美國，有一位叫柯林的年輕人，每天很早就到卡車司機聯合會大樓找零工做。後來，有一家可樂工廠需要人手去擦洗工廠的地板，其他人都沒有去應徵，但柯林去了。因為在他看來，無論做什麼，只要努力了，總會有人注意到，所以他打定主意，要做最好的擦地工人。

有一天，有工人打碎了一箱共50瓶的汽水，將滿地弄得都是黏膩的泡沫。他很生氣，卻還是捺著性子把地板都擦乾淨。恰好他的這一舉動被公司的上級主管看到了，第二年他便被調往裝瓶部，第三年就升為了副工頭。

　　許多年後，全世界的目光都凝注在他身上，他就是美國的前國務卿柯林‧盧瑟‧鮑威爾。回首過去走過的路，他感慨道：「一切工作都是光榮的，只要一直盡最大的努力去做每一件事情，你就一定會有所成就。」

　　這是鮑威爾的成功心得，也是值得所有人學習的人生經驗：向著自己的目標，用敬業的精神去對待，必將有所斬獲。不可否認，敬業是無數成功人士的必備精神。如果你想要獲得優渥的薪水，如果你想要贏得更高的職位，如果你想收穫更完美的人生，那麼，就先做一個敬業的人吧！熱愛自己的工作，尊重自己的職業，你付出的越多，收穫的也就越多。

　　在現實生活中，有因敬業而聲名鵲起的人，自然就會有因為失去敬業精神而葬送且遺憾終生的人。一個人做到一時敬業很容易，但要做到在工作中始終如一，將敬業精神當作自己的一種職業品格卻十分難能可貴。所以，做任何事情都要善始善終。因為之前做得再好，也可能會由於最後的無法堅持而導致前功盡棄。而我們在日常生活中經常遇見的那些失業者，他們的工作態度則更是令人不敢恭維。

　　有的得過且過，做一天和尚撞一天鐘，只期待賺到當天的薪水即可，至於明天何去何從，就無暇顧及；有的趨利避禍，獨善其身，把分內的工作敷衍過去便了事，一點點多餘的分外工作都不願意做，缺乏基本的工作熱忱；有的憤世嫉俗，怨天尤人，總認為自己懷才不遇，世人有眼不識金鑲玉，在工作中牢騷滿腹，抱怨連連。在影響自己心情的同時，也污染了周遭人的耳朵。如此種種，不一而足。

　　殊不知，可憐之人必有可恨之處，問題的關鍵就是他們怨天尤人的壞習慣，使他們喪失了敬業精神這種寶貴的職業品格，從而使自己發展的道路越走越窄，使他們與工作的要求格格不入，矛盾重重，只好被迫離開。相反地，具備敬業精神的員工之所以受歡迎，是因為他們認識到敬業精神是一種優秀的職業品格。這樣的員工會為企業的發展做出真正的貢獻，當然，他們自己也會因此從工作中獲得無窮的樂趣和成長。

　　也許有人會說，在這個什麼都講究品味、時尚、經典、速食的時代，還要大談敬業精神似乎有點落伍。但實際上，我們身邊絕大多數人都是普通人，都需要一份穩定的工作來維持穩定的生活。不管身處何時，不論身在何地，不要去想這份工作是暫時的消遣還是維持一生的選擇，既然選擇了，就要用心去做，既然做了，就要全力以赴將它做好。

　　通用電氣原董事長和首席執行官傑克·韋爾奇說：「敬業既是一種能力，更是一種精神，每一家想靠競爭取勝的公司必須設法使每個員工敬業。」短短的一句話道出了個人和企業在競爭中致勝的關鍵。所以，當你倦怠，想要休息時，不妨回頭想想看：今天的工作，我認真完成了嗎？

## 🎯 標竿思維：向強者學習，向榜樣學習

「標竿」一詞對我們來說並不陌生。「竿」是參照物，「標」是達到或超越參照物的標準。簡單地說，「標竿」就是一個值得模仿的榜樣，可能是一個人、一種方法、一套模式、一組流程，或是某一個具體標準。「標竿思維」就是要有透過模仿和創新來達到或超越標竿水準的意識。

1976年，一直保持著世界影印機市場壟斷地位的施樂公司遇到了全方位的挑戰，佳能、NEC等公司以施樂的成本價進行產品銷售，竟然還能夠獲利，並且其產品的開發週期、開發人員分別比施樂短或少50%，施樂的市場份額因此從82%直線下降到35%。面對競爭威脅，施樂公司最先發起向日本企業學習的運動，開展了廣泛、深入的標竿管理。

透過全方位的集中分析比較，施樂終於明白這些對自己發出挑戰的公司的運作機制，找出了與佳能等主要競爭對手的差距，全面調整了自己的經營戰略與戰術，改進了業務流程，並很快收到成效，將失去的市場份額重新奪了回來。在提高交付定貨的服務品質和處理瑕疵貨品上成本較大的問題上，施樂同樣應用標竿管理的方法，以交付速度比施樂快3倍的比恩公司為標竿，且挑選了14家經營同類產品的公司逐一考察，找出了問題的癥結並採取相應措施，使倉儲成本下降了10%，每年省去了數千萬美元。

是什麼拯救了危難之中的施樂公司不言而喻，那就是勇於認清自我，勇於向人學習，高標準，高要求的標竿思維。

1979年，標竿管理正在施樂公司實行。施樂公司的羅伯特·開普——標竿管理的先驅和最著名的宣導者，他將標竿管理定義為：「一個將產品、服務和實踐與最強大的競爭對手或是行業領導者相比較的持續流程」，標竿管理的一套嚴密的、受控制的方法，成為全世界持續改進、品質控制、流程再造和變革推動的首要步驟。企業如果掌握了這種管理思維，不但可以加速創新，還可以使戰略有效地實行。

時至今日，世界500強企業中90%以上的企業都已建立起大致完善的標竿管理體系。這些企業的成功經驗向我們證明，擁有標竿思維的企業能夠重新思考和改進經營實踐，創造自己的最佳實戰方法，促進核心競爭力的形成，使某一模組迅速成為行業第一，從而奔向卓越。

商場如戰場，企業身處其中猶如逆水行舟，不進則退。即便是已然位於上游的旗艦，也不應忘記身後還有強勁的對手。標竿思維在這個時候的重要作用就是讓你百尺竿頭，更進一步。

美孚石油公司在1992年的年收入高達670億美元，比世界上大部分國家的年稅收還高，當真是富可敵國。不過，美孚還想做得更好。於是他們做了一項調查，試圖發現新的突破點。當時美孚公司詢問了服務站的4000位顧客：「對他們來說，什麼是最重要的。」結果發現，僅有20%的被調查者認為價格是最重要的。其餘的80%則希望享受如下待遇：一是快捷的服務、二是能提供幫助的友好員工、三是對他們的品牌忠誠度予以一些認可。美孚把這三樣事物簡稱為速度、微笑和安撫。公司對此專門成立了三個小組，去尋找速度最快、微笑最甜和再次光顧的客人最

多的標竿，以標竿為榜樣，改造美孚遍布全美的8000個加油站。

　　經過一番認真尋找，速度小組鎖定了專門為美式F1賽車加油的潘斯克公司，微笑小組鎖定了號稱「全美最溫馨酒店」的麗池‧卡爾登酒店，安撫小組找到了美國公認的回頭客大王「家庭倉庫」公司。在向三家公司學習經驗之後，我們現在看到的美孚石油公司是這樣一幅景象：他們的顧客一到加油站，迎接他的是服務員真誠的微笑與問候。所有的服務員都穿著整潔的制服，打著領帶，配有電子頭套耳機，以便能及時地將顧客的需求傳遞到便利店的出納那裡。希望得到快速服務的顧客可以開進站外的特設通道，只需要幾分鐘，就可以完成洗車和收費的全部流程。

　　或許有人會問，既然已經是行業中的龍頭老大了，有必要這麼做嗎？以下的這個數字可以回答這個問題：美孚靠這種「速度——微笑——安撫」的金三角標竿管理，使全美的加油站點平均年收入增長了10%。

　　企業的發展就像小船航行在浩瀚的大海上，假如方圓上千公里內沒有任何參照物，也沒有北極星和指南針指引方向，想要順利抵達港口，幾乎是不可能的事。領導者經常會沉醉於偶然的成功，因此不知道自己的績效如何改進，看不見自己的問題。這時，「標竿」就是一個很好的參照物，告訴你前進的目標在哪裡，奮鬥的動力在哪裡，與別家企業的差距在哪裡，值得改進提升的地方又在哪裡。

　　企業如此，人同樣也如此。要想成為一個成功者，就要做成功者所做的事情，瞭解成功者的思考模式，並運用到自己身上。可以肯定地說，任何一位成功者之所以在某一方面高人一等、出類拔

萃，必有其與眾不同的方法。只有積極地學習他們的作法，才能夠取得和他們相似的成就。

美國有機構經調查後認為，一個人失敗的原因，有90%是因為這個人的周邊親友、夥伴、同事、熟人都是失敗和消極的人。因此，向成功的人學習成功的方法，不僅能成功，而且能早日成功。

保羅‧艾倫是一位音樂愛好者，同時對天文學也充滿了特別的興趣，一有空閒不是沉浸在音樂裡，就是對著天空發呆。因此，在同學之間，他被視為不善交際的人。不過，他也不是完全沒有朋友，比他低兩個年級的一位金髮男孩就經常到班上來找他，因為他的父親是圖書管理員，金髮男孩要透過他借一些最新的電腦書籍。在借書還書的過程中，艾倫漸漸喜歡上了那個金髮男孩，於是經常跟他一起出入於學校的電腦教室，與金髮男孩一起玩編寫程式的遊戲，從「三連棋」一直玩到「登月」，因此臨畢業時，他也成為一個僅次於金髮男孩的電腦高手。1971年春天，艾倫考入華盛頓州立大學；次年，那位金髮男孩考入哈佛大學學習法律。兩人雖然不在同一所大學，但經常聯繫。金髮男孩繼續跟他借書，他繼續跟金髮男孩探討編寫程式的問題。

1974年寒假，艾倫在《流行電子》雜誌上看到一篇文章在介紹世界上第一台微型電腦。他興奮異常，因為在中學時，那個金髮男孩就經常在他面前抱怨，電腦太笨重了，要是小到能放在家裡就好了。艾倫拿著那本雜誌去了哈佛，見到男孩就興奮地說：「能放在家裡的電腦造出來了。」男孩當時正為繼續學法律還是電腦而苦惱，當他看到《流行電子》雜誌上刊登的那台所謂的家用電腦後，終於下定決心說：「你不要走了，我們一起做點正經事。」

於是艾倫在波士頓住了下來，並且一住就是8個星期。在這8個星期裡，他和男孩沒日沒夜地工作，用Basic語言編寫了一套程式，這套程式可以裝進那台家用電腦裡，並且能像汽車製造廠的大型電腦一樣工作。當他們帶著這套程式走進那家微型電腦生產廠家時，竟然得到了一個意想不到的答覆，廠家準備給他們3000美元的報酬，以後每出一份程式拷貝，付30美元的版稅。艾倫和金髮男孩喜出望外，再也沒有回到學校裡。

3個月後，一家名為微軟的電腦軟體發展公司在波士頓註冊，總經理是那位金髮男孩——比爾·蓋茲，副總經理就是保羅·艾倫。現在，微軟公司已成為世界上IT產業中的巨無霸，總經理比爾·蓋茲曾蟬聯世界首富的寶座多年。艾倫在《富比士》富豪榜上也名列前茅，擁有個人資產200多億美元。

保羅·艾倫的成功，可以說緣於他和優秀的人在一起，從而受到優秀之人的影響。優秀的人就像一座寶藏，不斷地讓人們向他們所在的方向靠近，激勵著人們進入優秀之人的行列。

向優秀的成功者學習，看似是一種思維方式的模仿，但實際上，它是一種模仿中的創新。任何想成功的人都要培養自己的「標竿思維」。不要把這當成是一種苛求，因為這是一種競爭的必需。「向強者學習，向榜樣學習」的標竿思維在任何時候都不會過時。

## ◎ 樂業思維：快樂工作的人最有前途

有研究證明，人在兩種狀態下的學習品質最好：第一種狀態是巔峰狀態。當人的大腦細胞處於巔峰狀態時，大腦細胞是開放的，那些最新、最好的資訊完全能夠進入到人的潛意識，所以學習的效果會非常好。

第二種是完全放鬆的狀態。在這種狀態下，人會在還不知道自己正在學習過的程中，就已經把知識學會了，意即寓教於樂，在遊戲中學到一定的知識。

國外一家報紙曾舉辦了一次有獎徵答，題目是：「在這個世界上，誰最快樂？」，從數以萬計的回函中評選出的四個最佳答案分別是：作品剛完成，自己吹著口哨欣賞的藝術家；正在築沙堡的兒童；忙碌了一天，為嬰兒洗澡的媽媽；千辛萬苦開刀後，終於救了瀕死患者一命的醫生。

看來，工作著的人是最快樂的。確切地說應該是：正從事著自己喜愛的工作的人是最快樂的。而從另一個角度來說，不快樂的人，往往是生活中沒有自己喜愛的事可做的人。我們常常認為只要準時上班，按時工作，不遲到，不早退就是完成工作了，就可以心安理得地去領所謂的工資了。可是我們卻從未想過我們固然是準時上、下班，從不遲到早退，但我們的工作態度卻很可能是死氣沉沉的、被動的。其實，工作就是工作，它永遠不可能像休閒度假一樣充滿了新奇和喜悅，關鍵是你如何在其中尋找並創造樂趣。

洛克斐勒曾說：「如果你把工作當作一種樂趣，人生就是天堂。如果你把工作當成一種義務，人生就是地獄。」

這位白手起家的石油大王，正是靠著自己對工作樂觀積極的態

度，在工作中不斷思考、創新，最終獲得了巨大的成功。

　　洛克斐勒從事的第一份工作是查看生產線上的石油罐蓋子是否被焊接好，這個工作簡單到幾乎連小孩子也能勝任。然而，年輕的洛克斐勒並沒有因為這是個單調的工作而厭煩或放棄，也沒有心懷鬱悶地去工作，而是樂觀地面對不斷重複的傳送帶。在經過仔細的觀察後，他發現每焊接一個油罐需要39滴焊接劑，於是他開始思考是否可以減少焊接劑以節省工作成本。最後，他的試驗成功了，為公司節省了5億美元的開支，他也因此走上了成功之路。正如他自己所說的那樣，只有喜歡自己工作的人才能把工作做好，才能心懷暢快地獲得成功。

　　所以我們說，任何一個人做任何一份工作，都有他獨特的快樂之處，只有當人們在享受這種快樂的時候，才能把工作做得很好。工作中是否快樂，在於你的選擇，你是為了生活才工作，還是為了工作而生活。如果你為了生活去工作，那就等於是為錢而工作，是金錢的奴隸，也是工作的奴隸。而工作是一個人天生的權利，每一個人都應該找到其中的樂趣。

　　　　皮特畢業後，來到一家小得不能再小的諮詢公司做分析員。皮特認為自己在公司中是一個微不足道的角色，他也不知道當初自己為什麼跑到這家公司做這樣一份工作。做了幾天之後，他更加深信自己是在從事一個冷門的職業，但因為薪水還過得去，所以他留了下來，沒有辭職。

　　　　每天早上，令人萬分憎恨的鬧鐘把皮特叫醒。唉！枯燥乏味的一天又要開始了。皮特極不情願地按掉鬧鐘，掙扎著從快要坍塌的床上爬起來，胡亂梳洗一下後，敷衍地吃了點早餐，便匆匆地走出家門去上班。

　　　　到了公司後，皮特拖拖拉拉地，遲遲不願打開辦公桌上的電腦。當身邊的同事都開始埋頭努力工作的時候，皮

特一邊打開電腦準備工作，一邊在心裡抱怨：「一群假惺惺的工作狂！」

　　皮特的工作，用他的話可以概括為六個字：蒐集、整理、分析。首先他要蒐集客戶、行業的資訊和資料；之後，他要對這些零亂的資料進行整理；最後，要對整理好的資料進行分析，提供給客戶和公司的諮詢顧問。無論怎麼看，他都覺得這是一個毫無價值、毫無樂趣的工作。

　　皮特不止一次和朋友抱怨：「我覺得工作特別無聊。我覺得自己糟透了。」

　　皮特的這種狀態，很多人都存在過或仍存在著。你對工作的態度，其實就是對待人生的態度。如果你覺得工作很無聊，那麼你的人生也好不到哪裡去。也許會有人幫助你改善你的工作能力，但是沒有任何人可以改變你的工作態度，只有你自己可以。其實，每份工作都蘊含著某種特有的價值，你的工作價值也許只是暫時沒有被你認識到而已。

　　既然人們在快樂的狀態下情緒最好，工作效果也最好，那怎樣做才能把工作當成一種樂趣呢？你要明白，一個人的成就取決於你所認定的痛苦和快樂；樂於工作有很多好處；在快樂的狀態下才能做好工作；不是工作需要你，而是你需要工作這幾個道理。

　　職業是修理工的薩姆爾‧沃克萊日復一日的工作就是旋螺絲釘，看著那一大堆等待著他去旋的螺絲釘，薩姆爾就滿腹牢騷，心想自己做什麼不好，為什麼偏偏來旋螺絲釘呢？他想過找老闆換工作，甚至想過辭職，但都行不通，最後尋思能不能找到一個積極的辦法，使單調乏味的工作變得有趣起來。

　　於是，他和同事商量展開比賽，看誰做得快。這個

辦法果然有效，他們工作起來再也不像以前那樣乏味了，而且效率也大為提高。不久，他們就被提拔到新的工作崗位。後來，薩姆爾成了一家著名的火車製造廠的廠長。

可以說，工作在現代人生活中的分量愈來愈重，甚至成為評量一個人是否成功的重要標準。不管你為哪家公司、哪個組織工作，最好的方法就是把工作當成自己的一種樂趣。在今天，享受工作樂趣的方法有很多，要試著去發現。不要忘記，樂在工作最好的方法，就是將它視為一種成長歷程。

## ◎ 責任思維：成熟者的標誌

在開始談「責任思維」之前，讓我們先來聽一個有關「責任」的小故事：

　　瑪麗小姐是瑞士一家知名國際大酒店的工作人員，她的工作是訂單管理。

　　在一個普通的不能再普通的工作日，因為天氣原因，客戶比較少，瑪麗小姐也就比較清閒。她把前一天的幾份訂單存檔並重新裝訂成冊，打算在回覆完兩份傳真後就下樓去吃早餐。

　　這時，她猶豫了幾分鐘，但最後還是起身離開了接待室。20分鐘後，瑪麗小姐回來繼續工作。一切似乎都很正常，然而她卻不知道就在她離開的時候，一椿70萬美元的生意就在鈴響兩次無人接聽後，旁落他人之手。

　　兩個月後，美國一家國際公司為期15天的銷售年會在瑞士的另一家酒店召開，這家酒店無論是設施還是口碑都與瑪麗小姐所在的酒店不相上下，甚至還不如，但那次規模盛大的年會，那些來自世界各地的嘉賓，卻使這家酒店從此聲名鵲起。因為有了第一次的愉快合作，這家公司的年會一連在那家酒店舉行了四屆。

　　客戶依據什麼標準決定了在那家酒店召開年會？在做出決定之前有沒有進行過選擇？他們進行了怎樣的選擇？瑪麗小姐所在的酒店不能釋懷。事後經過多方瞭解才知道，那家國際公司在瑞士曾選出三家酒店作為備選，瑪麗

小姐所在的酒店因兩次電話鈴響均無人接聽而首先被淘汰出局。知道了事情的原委後，瑪麗小姐流下了眼淚。為了嚴明公司制度，老闆將這位已工作近6年的員工做了辭退處理。

這個故事告訴我們，你永遠也不可能知道在什麼時候會有什麼事情突然發生，也不知道什麼時候需要你做出緊急決定。所以，我們唯一能夠應對的辦法就是當你在工作崗位上的時候，要百分之百地履行你的工作，善盡你的職責。「工作時間必須警鐘長鳴」，這是一個職業人最基本的職業操守。

在日常工作中，我們經常會遇到以下各種情況：有人不願意承擔責任，卻推託說：「他們做決定時，根本不理會我說的話，所以不關我的事。」有人為了拖延時間，就說：「這幾個星期我很忙，我只能盡力去做。」有人工作缺乏創造性，不願意冒險，就推託說：「我們以前從來沒有那樣做過，這不是我們這裡的做事方式。」有人工作馬虎敷衍，缺乏責任感，便說：「我從來沒有接受過適當的培訓，這些工作對我來說本來就難以勝任。」……說到底，這些都是缺乏責任思維的具體表現。

比爾・蓋茲曾對他的員工說：「人可以不偉大，但不可以沒有責任心。」這句話雖然簡單，卻很實在。確實，一個人只有具備高度的責任感，才能在執行中勇於負責，在每一個環節中力求完美，確實而盡責地完成計畫或任務。所以，微軟公司非常重視對員工責任感的培養，是否具備責任感也成為微軟招聘員工的重要標準。正是基於這種作法，成就了微軟一流的執行力，打造出了聲名顯赫、富可敵國的微軟商業帝國。

工作就意味著責任，責任無處不在。父母養兒育女、老師教書育人、醫生救死扶傷、工人鋪路建橋、軍人保家衛國……人在社會中生存，就必然要對自己、對家庭、對群體甚至對國家承擔並履

行一定的責任。責任有不同的範疇,這些不同範疇的責任,有普遍性的要求,也有特殊性的要求,但這只是輕重之分,而不是有無之別。

　　1944年,艾森豪指揮的英美聯軍正準備橫渡英吉利海峽,在法國諾曼第登陸,展開對德戰爭的另一階段。這次的登陸事關重大,英國和美國合作無間,為這場戰役投入了巨大的人力、物力。然而人算不如天算,就在一切準備就緒、蓄勢待發的時候,英吉利海峽卻突然風雲突變、巨浪滔天,數千艘船艦只好退回海灣,等待海上恢復平靜。

　　這麼一等,足足等了四天,天空像是被閃電劈開了一道裂縫,傾盆大雨潑灑不絕,數十萬名軍人被困在岸上,進退兩難,每天所消耗的經費、物資,實在不容小覷。正當艾森豪苦思對策時,氣象專家送來最新的預測,資料中顯示天氣即將好轉,狂風暴雨將在三個小時之後停止。

　　艾森豪明白這是千載難逢的好機會,可以攻敵人於不備,只是這當中也暗藏危機,萬一氣候不像預期中這麼快好轉,很可能就全軍覆沒了。經過慎重的考慮之後,艾森豪在日誌中寫下:「我決定在此時此地發動進攻,是根據所得到的最好的情報做出的決定⋯⋯如果事後有人譴責這次的行動或追究責任,那麼,一切責任應該由我一個人承擔。」然後,他斬釘截鐵地向陸、海、空三軍下達了橫渡英吉利海峽的命令。

　　艾森豪受到了幸運之神的眷顧,傾盆大雨果然在三個小時後停止,海上恢復了風平浪靜,英美聯軍終於順利地登陸諾曼第,把握了這場戰爭得勝的關鍵。艾森豪最大的成就,不只在於他英明果斷的決策,更在於他肯為自己的決定負完全的責任。

沒有責任感的軍官不是合格的軍官，沒有責任感的員工不是優秀的員工，責任意識會讓員工表現得更加卓越。一個人要做好自己的本職工作，就要具有高度的責任感，以自強不息的精神、火焰般的熱情，去做好每一天的工作。如此，工作才會是主動的、積極的、認真的、發自內心的，有效執行就會在員工身上體現得淋漓盡致。

在1968年墨西哥一個漆黑、涼爽的夜晚，坦尚尼亞的奧運馬拉松選手艾克瓦里吃力地跑進了奧運體育場——他是最後一名抵達終點的選手。

這場比賽的優勝者早就領走了獎盃，慶祝勝利的典禮也早已經結束，因此，當艾克瓦里一個人孤零零地抵達體育場時，整座體育場已幾乎空無一人。艾克瓦里的雙腿沾滿血污，綁著繃帶，他努力地繞完體育場一圈，跑到終點。在體育場的一個角落，享譽國際的紀錄片製作人格林斯潘遠遠地看著這一切。接著，在好奇心的驅使下，格林斯潘走了過去，問艾克瓦里，為何要這麼努力地跑至終點。

這位來自坦尚尼亞的年輕人輕聲地回答說：「我的國家從兩萬多公里外送我來這裡，不是只讓我在這場比賽中起跑，而是派我來完成這場比賽。」

馬拉松賽跑，起點只不過是一個開始，許多人在眾目睽睽之下完成出色的起跑，卻並不一定能堅持到終點。在生活中，完成一件工作就像參加一場馬拉松比賽，目標不是參與，不是淺嘗輒止，而是到達終點完成任務。吃力也好，困難也罷，因為做出了選擇，就要對它負責，就像艾克瓦里，即使滿身傷痕也要完成比賽。最能夠

獲得人們尊敬的人，往往不是因為他們有著漂亮的起始，而是他們負責地走到了最後，這就是責任心和使命感。

由此我們可以看出，之所以提倡責任思維，因為它首先是為自己的承諾負責，對自己行為的後果負責的一種踏實的工作精神。具有責任感，是一個人在社會上立足，獲得成功最關鍵、最重要的一種工作品格。走入社會後，最重要的一件事情就是，要為自己的生命創造一種信譽，而這種信譽首先是由責任感開始塑造的。有責任意識的人，無論處在任何職業、崗位，都能自覺地意識到自己所擔負的責任。有了自覺的責任意識後，才會產生積極、圓滿的工作效果。而沒有責任意識和不能承擔責任的人，不可能成為優秀的員工。可以說，具備責任思維，是個人作為「社會人」這個角色成熟的標誌。

## ◎ 忠誠思維：老闆喜歡忠心耿耿的人

　　忠誠可以說是人類最寶貴的美德之一，它是人類最珍貴的情感和行為之一。無論一個人在組織中以什麼樣的身分出現，對組織和領導者的忠誠都應該是一樣的。無論是對組織、領導者或是個人，忠誠都會使其得到回報。企業需要忠誠的員工，因為忠誠，員工才能盡心盡力，盡職盡責，勇於承擔一切。任何時候，忠誠永遠是企業生存和發展的精神支柱，是企業的生存之本。只有忠誠於自己公司的主管和企業的員工，才有權利享受企業給個人帶來的一切。

　　在一項對世界前500強企業中的部分總裁做的調查中，當問到：「您認為員工最應具備的特質或品格是什麼？」時，這些巨頭們無一例外地選擇了兩個字：忠誠。阿爾伯特‧哈伯德也說：「如果能捏得起來，一盎司忠誠相當於一鎊智慧。」忠誠的重要性可見一斑。

　　所以請記住，如果你忠誠地對待你的公司、你的老闆，他們也會真誠地對待你；當你的忠誠又增加了一分時，別人對你的尊敬也會相應地增加一分。忠誠能讓你獲得晉升，讓你的能力日益增長，讓你實現自己的理想，讓你展示個人的魅力和風采。

　　有的人覺得在履歷表上填的職務越多越能表現出自己的閱歷豐富，實則不然。一家著名公司的人力資源部經理表示：「當我看到申請人的簡歷上寫著一長串工作經歷，而且是在短時間內時，我的第一感覺就是他的工作換得太頻繁了。我認為，頻繁地換工作並不能代表一個人的工作經驗豐富，而是說明了一個人的適應性很差或者工作能力低下。如果他能快速適應一份工作，就不會輕易離開，因為換一份工作的成本也是很大的。」

確實，沒有哪個公司的老闆會用一個對自己公司不忠誠的人。「我們需要忠誠的員工」。這是老闆們共同的心聲。因為老闆們知道，員工們的忠誠會給企業帶來發展。只要自下而上地做到了忠誠，就可以壯大一個企業。相反地，也可能毀掉一個企業。

凱菲爾是一家企業的業務部副經理，剛上任不久。他年輕能幹，表現不俗。然而半年之後，他卻悄悄地離開了公司，沒有人知道為什麼。後來，有一天他碰到了在原公司關係不錯的同事埃文斯，兩人打算喝酒敘舊。在酒吧裡，凱菲爾喝得爛醉，他對埃文斯說：「知道我為什麼離開嗎？我非常喜歡這份工作，但是我犯了一個錯誤，我為了一點蠅頭小利，失去了作為公司職員最重要的東西。雖然總經理沒有追究我的責任，也沒有公開這件事情，但我真的很後悔，你千萬別犯我這樣的低級錯誤，不值得啊！」

原來，凱菲爾在擔任業務部副經理時，曾經收過一筆款項，當時，他的直屬上司——業務部經理說可以不必入帳：「沒事，大家都這麼做，你還年輕，以後多學著點。」凱菲爾雖然覺得這麼做不妥，但是也沒有拒絕，在半推半就下收下了5000美金。當然，業務部經理拿的更多。沒過多久，業務部經理就辭職了。幾個月後，總經理發現了這件事——凱菲爾不能在公司待下去了。

凱菲爾很後悔，但現實就是如此，有些東西失去了就再也回不來了。他失去的是對公司的忠誠，難道還能奢望公司再相信他嗎？總之無論什麼原因，一個人只要失去了忠誠，就失去了人們對其最根本的信任。因此，不要為自己所獲得的微小利益沾沾自喜，只要你仔細想想，你會發現其實你失去的遠比獲得的多，而且你所獲得的東西可能最終還不屬於你。

忠誠是一個人無論何時都不能放棄的精神，這不僅是個人的品德問題，也關係到公司和企業利益。忠誠不僅有道德價值，還蘊含著巨大的經濟價值和社會價值。一個對企業忠誠的員工，能令他人信賴，讓老闆樂於接納，在贏得老闆信任的同時，更為自己的職

業生涯帶來莫大的益處。與此相應，一個人若失去了忠誠，就失去了一切——失去朋友，失去客戶，失去工作，因為誰也不願意與一個不能信賴的人交往。儘管現在有一些人無視自己的忠誠，不顧一切地追求眼前的利益，但是，如果你能仔細地反省自己，你就會發現，為了利益所放棄的忠誠，將會成為你人生和事業中永遠都抹不去的污點。試想，如果要一生都背負著這樣一個罪名活著，那該是多麼痛苦的事情啊！

管理大師李・艾柯卡，在重重危機之中臨危受命於福特汽車公司。他大刀闊斧地進行改革，使福特公司走出了危機，但公司的董事長小福特卻對艾柯卡進行排擠，這使艾柯卡處於一種兩難的境地。不過，艾柯卡說：「只要我在這裡一天，我就有義務對我的企業忠誠，我就應該為我的企業盡心竭力地工作。」儘管後來艾柯卡離開了福特汽車公司，但他仍很欣慰於自己為福特公司所做的一切。

「無論我為哪一家公司服務，忠誠都是我的一大原則。我有義務忠誠於我的企業和員工，在任何時候都是如此。」艾柯卡這樣說。正因為如此，艾柯卡不僅以他的管理能力折服了員工，也以自己的人格魅力贏得了信賴。

的確，員工需要依靠公司的業務平台才能發揮自己的能力和才華。對公司忠誠，實際上是一種對職業的忠誠，展現了一種對從事某一職業的責任感，更是對自己負責。公司需要忠誠而有能力的員工，因為企業的業績必須靠忠誠的員工全力創造，企業的信譽靠忠誠的員工用心維護，企業的力量靠忠誠的員工團結凝聚。只有企業有了更好的發展，員工自身的價值才得以實現，人生才會大放光彩。

有人把企業比喻成一條船，老闆是船長，員工是水手，甚至是一名乘客，但畢竟踏在同一條船上。同乘一條船，方向相同，目的地相同，大家的命運因此也相同，正因前方的路還很遙遠、風浪還

很大，所以，才更應該清理一下船艙、檢修一下機器，選拔忠於職守、任勞任怨、眼力好、膽識大、見多識廣的忠誠水手來擔當遠航的任務。這時，就需要大家共攜起手，忠誠於團體，齊心協力地把船引領到更寬更遠的海洋。

## ◎ 老闆思維：把自己當成企業的主人

　　我們常聽到「主人翁精神」這個詞。在今日，現代社會要求我們每個人都要有這種精神，並將其運用到實際工作中。在微軟，員工和公司的前途是緊緊相繫在一起的，微軟人有著強烈的主人翁意識，這使得他們在任何事上都盡可能為公司著想，全力以赴。正因微軟人具有這種主人翁精神，微軟有著這樣為企業著想的員工，微軟才會有今天這樣不凡的成就。

　　比爾‧蓋茲曾多次強調說：「我們所說的主人翁精神，是一個員工所具有的天然稟賦，具有這種精神的人，他的個人利益和公司利益是一致的。」作為公司的一個員工，需要把自己的位置擺正，充分認識到自己也是整個企業的主人。在工作中積極思考，靈活應變，具有「企興我榮，企衰我恥」的意識。主人翁精神發揮得好的企業，會是一個充滿活力、朝氣的企業；反之，主人翁精神發揮得不好的企業，只能說是一間機械化的制式工廠，遲早會迷失在市場經濟的大潮中。

　　主人翁精神，我們也把它叫作「老闆思維」。當然，這並不是嘴上說說，把自己當成企業的主人這麼簡單，而是真正地以一種與公司血肉相連、心靈相通、命運相繫的理念去做好每一件事情，面對每一個客戶。在從事的每一項工作當中，滲透出企業以及你個人的共同精神氣質。

　　喬治是一家鋼鐵公司主管精心選拔出來的人才，到公司工作還不到一個月，就發現了不少問題：很多的礦石並沒有經過完全充分的冶煉，還殘留有沒被冶煉好的鐵。長

此以往，公司必將面臨巨大的損失。

於是，他找到了負責這項工作的工人，跟他說明了問題。這位工人卻說：「如果是技術上出了問題，工程師一定會跟我說，現在還沒有哪一位工程師跟我談到這個問題，所以應該沒有問題。」

喬治又找到了負責此技術的工程師，對工程師說了他看到的問題。沒想到工程師卻很自信地說：「我們的技術是世界一流的，怎麼可能會有這樣的問題。」工程師也沒有重視喬治所說的情況，還暗自嘲諷喬治，一個剛畢業的大學生，能懂多少？不過是想博得別人的好感、表現自己而已。

但喬治仍堅持認為這是個很嚴重的問題，於是，他拿著沒有冶煉好的礦石找到了公司的總工程師，他說：「先生，我認為這是一塊沒有被冶煉好的礦石，你認為呢？」

總工程師看了一眼，說：「沒錯，年輕人你說得對。這是哪來的礦石？」喬治說：「是我們公司的。」「怎麼會呢？我們公司的技術是一流的，怎麼可能會有這樣的問題？」總工程師很詫異。「工程師也這麼說，但事實確實如此。」喬治堅持道。「看來的確是有那個環節出問題了。怎麼沒有人向我反映？」總工程師十分憤怒，召集所有負責技術的工程師來到工廠，果然發現了一些沒有經過充分冶煉的礦石。經過檢查後發現，原來是監測器的某個零件出了狀況，才導致了冶煉的不完全。

公司的總經理知道了這件事後，不但獎勵了喬治，而且還晉升喬治為負責技術監督的工程師。總經理不無感慨地說：「我們公司並不缺少工程師，但缺少態度認真的工程師，這麼多人就沒有一個發現問題，當有人提出了問題之後，他們竟然還不以為意。對於一個企業來講，人才是

重要的，但更重要的是真正把企業當成自己的，具有主人翁意識的人才。」

透過這個故事，我們不難看出，喬治能取得工作時成功的第一步，關鍵就在於他具有主人翁精神，能處處為公司的利益著想。這種精神就是「老闆思維」。能以主人的心態去對待公司，處處為公司著想，把公司視為己有並盡職盡責的人，終會獲得成功的獎賞。

　　一家大公司推出了新的產品，需要更新品牌，公司的所有員工都在為更換品牌的事情忙得不亦樂乎，而更換品牌的成本也非常高，其中包括公司遍布全國的七、八十面的路牌廣告要更換刷新。

　　公司品牌更換計畫的負責人蘇先生經過深思熟慮後，跟總經理說他認為有一筆3萬元的經費可以省下來。因為這七十幾塊路牌的大小都不一樣，本來是打算花3萬元找廣告公司做出七十多種圖案，但其實公司美工部門的員工如果加班做個一兩天，也可以做完，而這筆錢就可以省下來了。

對於大公司而言，一個品牌更換的過程要花費的成本很高，且不說這一筆錢早就包含在預算內，就算沒有，3萬元應該也不在話下。蘇先生能考慮到這個問題，並以這種「錢應花在刀口上」的主人翁精神提出這樣的建議，是因為他覺得這件事情是他應該要做的事，本就應該如此，幫公司把最少的資源用在最大價值的地方，這就是「老闆思維」的展現。

　　在一家大型商場上班的哈里，自認為是一個好員工，他的工作是記錄顧客的購物款項。有一天，當哈里正在和

一個同事閒聊時，經理走了進來。經理環顧四周，然後示意哈里跟著他。經理一句話也沒有說就開始動手整理那些已被訂購的商品，然後走到食品區，開始清理商品櫃，將購物車清空。

　　哈里驚訝地看著這一切，這時他才明白，經理是在用行動告訴他：你是商場的主人，你的工作應該是積極主動的。


　　平心而論，雖然這些可能不是哈里的本職工作，但他是企業的一員，就應該以主人翁的精神對待自己的工作，對待自己的企業。主人翁精神固然是有「奉獻」的一面，但其實在奉獻的同時，不僅對公司有正面的幫助，而且收穫最大的還是自己，你其實正實實在在地維護著屬於自己的財富。

　　再從深處考慮，從主人翁精神當中可以培養出一種創業精神。創業的精神、創業的能力是個人能力的最高表現，因為創業就是「無中生有」，就是用最少的資源獲得最大的價值，就是培養你把錢用在刀口上的能力。這樣的能力對於一個在職場上的人而言彌足珍貴，會永遠伴隨在他的成長過程當中，而不會拘泥於他在什麼公司，做什麼工作。比起在工作上公司所給的頭銜、職稱，這種能力顯得更有價值，這種與生俱來的精神是永遠也不會消失的。

　　「老闆思維」是一個簡單而又不失深刻的概念，它有著巨大的影響力，能激發人們抱持著強烈的責任心去思考每一件事。設想有這樣一個工作團隊，每個人都像主人一樣，每個人都以主人自視，他們認真負責，積極熱忱，這樣的團隊怎麼可能不成功呢？

　　在實際工作中，絕大多數人都必須從一個員工做起，從最基層奠定自己的職業生涯。只要你是公司裡的一員，你就應拋開任何藉口，投入自己的忠誠和責任，將身心徹底融入公司，盡職盡責，處處為公司著想。只要你把自己當成公司的主人，那麼老闆也一定會

視你為公司的支柱，也只有具有老闆思維的人，最終才有可能成為老闆。

## ◎ 服從思維：服從是職業人的第一手則

　　美國的西點軍校不僅是全球聞名的軍校，也是塑造企業管理精英的基地。如世界500強企業中的沃爾瑪、可口可樂、通用電氣、杜邦化學等，他們的創始人或者CEO大多出自西點軍校。那麼，一個陸軍軍官學校為什麼會培養出眾多企業家，這難道僅僅是個偶然嗎？

　　賴瑞曾經是美國西點軍校的一名學員，他在踏進學校的第一天就知道軍校有一個久遠的傳統，那就是當遇到學長或軍官問話時，新生只能有四種回答：「報告長官，是」、「報告長官，不是」、「報告長官，沒有任何藉口」、「報告長官，不知道」。除此之外，沒有其他回答。

　　有一天，連長派賴瑞到營區去，只有3個小時的時間，卻交代了7項任務：有些人要見，有些事情要請示上級，還有些東西要申請，包括地圖和在當時非常缺少的醋酸鹽等。賴瑞下定決心要把7項任務都完成，但具體該怎麼做，心裡卻沒有完全的把握。

　　果然，事情並不順利，問題就出在醋酸鹽上。賴瑞滔滔不絕地向負責補給的中士說明理由，希望他能從僅有的存貨中撥一點給他，但中士不答應。賴瑞只好一直纏著他，最後他不知是真的被賴瑞說服了，還是發現眼前這個人沒有其他辦法可以擺脫，他終於給了賴瑞一些醋酸鹽。當賴瑞回去向連長覆命的時候，連長沒有說什麼，但顯然

很意外賴瑞能把7項任務都完成。事後賴瑞回憶說，當時在有限的時間裡，根本無暇為做不好的事情找藉口，只能把握每分每秒，爭取時間完成任務。

　　因為出色的服從意識和執行能力，賴瑞從西點軍校畢業後，留校擔任戰略策劃，同時教授領導及道德課程。1993年退伍後擔任艾爾伯馬爾學院的校長。

　　這就是西點軍校「報告長官，沒有任何藉口」的延伸。學校之所以這樣規定，就是要讓新生學會服從，學會恪盡職守，明白如果你的表現並非十全十美是「沒有任何藉口」的。它告訴人們，無論是軍官還是老闆，對他們而言，任務只要交代下去就得完成，而不是去聽你長篇大論地解釋為什麼無法完成任務。只有秉持「服從」信念，才有可能激發出一個人無比的毅力，產生出最大的效果。西點軍校的這一服從培訓成就了無數的商界領袖，創造了一個個撼動世界的企業神話。

　　一個內部思想不統一的企業，就像一輛多頭馬車，沒有統一的指揮，每匹馬都有自己的方向，車就因此原地不動，甚至是倒退。因此，要想讓馬車前進，不僅要有趕車的人統一群馬的方向，群馬也要服從指揮。所以，要把服從作為核心理念來看待，老闆就是老闆，員工就是員工，要明白，服從也能產生強大的生產力。每個人都要有意識地服從老闆、服從上司。如果有不同意見，可以在老闆尚未做決策前提出建議，一旦老闆決定了，就要服從決定，哪怕這個決定會違背自己的本意，也要在堅決執行的前提下，看是否有改善的餘地。記住，「令行禁止」的企業才有高效率，才有競爭力。

　　和其他的精神一樣，服從也是一種美德，是員工職業精神的精髓。服從是執行的第一步，要求所有員工暫時放棄個人的獨立自主，聽從上司的決策，並立即遵照指示行事，力求第一時間圓滿完成任務。一個人只有在學習服從的過程中，才能實現團隊的利益和

自我價值，這樣的人是企業裡最受老闆歡迎的員工，也是極有發展前景的員工。

　　年輕時的卡內基曾經在某公司供職，他工作非常勤奮，但和其他職員相比仍略顯稚嫩。由於業務增多，公司準備開拓一個新市場，但新市場的負責人遲遲未能確定。新市場選定在一個非常偏僻的地方，而在這樣的地方開闢市場是一件相當困難的事情。因此沒有一個人願意接受這項艱鉅的任務，生怕徒勞無功。

　　公司物色了很多人選，但都被他們以各種理由推辭了，無奈之下，公司的負責人只好退而求其次，派沒沒無聞的卡內基去執行這項任務。卡內基接到通知時沒有任何怨言，帶著公司生產的產品樣本就出發到目的地。

　　就在每個人都覺得公司的產品在當地很難有銷路時，卡內基經過三個月的努力後，終於在當地使公司的產品站穩了腳跟，還預言當地的市場有更大的發展潛力。

　　當卡內基把這個令人振奮的消息帶回公司時，人們驚奇地問他是如何找出當地的開發潛力，卡內基淡淡一笑說：「其實在出發時我也沒有信心，而且覺得你們的觀點是正確的，但我必須服從公司的安排。到了那裡後，我知道我必須全力以赴地去執行我的任務，結果我成功了。」

　　服從是員工的天職，是員工應該具備的素質之一。服從上級安排是每個人在工作中的行為準則，是鍛鍊工作能力的基礎。同時，服從也是工作的催化劑，能給人的行動催生無窮的勇氣、激發人的潛力。員工只有具備了這種服從精神，才能提高自己的執行能力。透過卡內基的成功，我們不難發現這一點。

　　仔細回想，你的身邊是否經常有這樣的情形？當上級安排工

作時，經常會有人在部門裡或在私下抱怨公司的高層不顧屬下的辛苦；在執行命令時，常常會打折扣，或者是督促一下走一步，在工作中懶得多盡自己的一份力；不去思考如何將工作做得更好，反而質疑上級的能力，經常對上級指手畫腳甚至頂撞上司。然而，逞一時之快的後果是什麼呢？這些人之中有多少人能取得長足的發展，又有多少人獲得了上司或者是同事的認可？反而是那些盡職盡責，絕對完成上級指示，哪怕那些原本不是自己的分內事，但只要接到安排就會確實去完成的人，才能獲得更多的機會，實現工作的價值。

「無條件服從」是沃爾瑪集團要求每一位員工都必須奉行的行為準則，強化員工對上級指派的任務必須無條件服從的意識，而非去尋找藉口逃避，哪怕是看起來非常合理的藉口。可以說，服從是成為優秀員工的首要任務，只有定位好自己服從的角色，才能在現代的職場競爭中立於不敗之地，也才能使你成為公司不可或缺的員工，進而走向高級主管的崗位，成就一番事業。

## ◎ 節約思維：省下的都是利潤

我們常常驚歎於那些跨國公司、巨型企業是如何取得今日這種輝煌傲人的業績的。實際上，世界上所有規模龐大、實力雄厚的企業，都不是憑空產生的，而是依靠著所有員工一步一腳印的努力所創造出來的。

去過德國的人一定曾經光顧過或者聽說過「施萊克爾」連鎖雜貨超市。這家超市可能並不像其他的大型超市那麼門庭若市、地段豪華、裝修精美，但它在德國各地都有分店，而且連鎖的規模越來越大。

1965年，施萊克爾邁出了他商業道路上的關鍵一步。那時正值雜貨價格下跌，他創辦了一家銷售洗滌劑、刷子和香水等商品的新式商場。兩年後，他已經擁有了十多家同樣的商店。施萊克爾的擴張戰略很簡單、很特別，也很有效——任何城市不那麼繁榮的街區如果有一家小店關門倒閉，施萊克爾便派人到那裡，經過一番討價還價之後，以極低的價格租下店面。他並不要求高銷售額，而只求以最低的成本來經營。

施萊克爾運用超低成本經營法，有時為了節省開支，有些分店很長時間裡只用一名員工。又如，在相當長的一段時間裡，許多分店不安裝電話。因為施萊克爾認為，電話放在那裡只會被員工們用來打私人電話。施萊克爾透過自己的節約獲得了成功。如今，施萊克爾超市在德國已擁有10800多家分店，年營業額高達66億歐元，是歐洲最大的

25家商業集團之一。

　　企業是一種營利性組織，追求利潤是企業的根本目標。企業的利潤就像人的血液一樣，假如企業的營利功能不好，發展就會受到限制。要想實現利潤最大化，增強自身的造血功能，企業不但要會開源，更要會節流，以求降低各方面的成本。

　　當企業之間的競爭發展到一定階段時，不但是業務能力的競爭，更是成本能力的競爭。尤其在產品同質化嚴重的今天，誰擁有了成本優勢，誰就能在競爭中脫穎而出，獲得最大的利潤。所以，節約是企業必須掌握的一門技能，因為它決定著企業的成敗。利潤指標是定量的，因此如果降低了成本，就等於提高了利潤，節約一分錢就相當於省出了一分利潤。

　　在今日，經濟全球化使企業面臨的形勢越來越嚴峻，經濟危機的餘波還未徹底消褪，企業要想在激烈殘酷的競爭中勝出，除了提高產品的競爭力之外，有效地降低營運成本已經成為多數企業競相追逐的目標。因此，職場中人一定要樹立起成本觀念，有了成本觀念，就要在實踐中力行節約。

　　勤儉節約是現代職場中人必須具備的美德。中國有句老話：「不當家，不知柴米貴。」當你進入一家企業執掌一個部門甚至是整個企業後，就應該養成把一分錢當成兩塊花的習慣。

　　現在，經常會有員工看不慣公司的一些節約作法，比如，許多公司都要求只要不是列印對外的正式文件，就要選用一面列印過的廢舊打印紙；只有公事才能撥打長途電話，還必須加撥IP代碼；在中午的休息時間或辦公室長時間無人時，要自動關閉電燈及電腦等；用水用電更要節約……這種節約的習慣在他們眼裡卻成了「小氣」和「摳門」。其實，任何人都應該明白，假如換成你來當一家企業的老闆，你能容忍員工隨便地浪費自己的任何一分錢嗎？

　　具有勤儉節省意識的員工，老闆會看在眼裡，記在心裡。因為

這是一種對公司、企業認真負責的態度，這是在用自己的行動去減少大家不必要的損失。

　　剛進企業時，瓊斯只是一名普通的雜務工，做的是瑣碎的雜務工作：打掃衛生、清理垃圾、遞交文件等。工作雖然辛苦，但瓊斯從來沒有怨言，總是盡職盡責地做好每件事。瓊斯唯一的交通工具是一輛自行車，不管晴天還是雨天，他都堅持騎自行車上下班，因為騎自行車不但環保，還能為公司節省交通費用。

　　連續五年，無論颱風下雨，瓊斯都從不遲到或早退，一直保持上班全勤、工作努力、樂於助人的工作態度，因此年年都被企業評為優秀員工。他自動加班，從未申請過加班費。瓊斯所到之處，你不會看到不該亮的燈、滴水的水龍頭、無人使用卻處於開機狀態的電腦螢幕……他似乎比管理者還要珍惜和愛護企業，而且在工作中力求節約。

　　在清理垃圾時，瓊斯總是堅持將垃圾分類，看到印壞的紙張或是一些背面空白的廢紙，瓊斯都會將其裁成小張分給同事當便條紙用。其他可以回收的廢紙都一律攤平後與廢紙箱捆在一起賣給回收站，所得錢款全部捐給工會。瓊斯對企業無比熱愛，他已經把企業當成自己的家了。他的這種「勤儉持家」般的工作態度贏得了所有同事的尊重。

　　當那些擁有博士、碩士學位的員工在抱怨工作不順時，瓊斯依然認真地做事，任勞任怨，自得其樂，默默地為公司節約著每一分錢。後來，瓊斯被破格提拔為企業的總務部主任，進入了管理階層。

　　每個人都要從自己的工作中發現自身價值，我們能從這則故事

身上學到什麼呢？有的時候，哪怕是關電燈、關好水龍頭、收張白紙這麼簡單的事情，也有可能轉變你的職場生涯。積水成淵，積土成山。百層高塔，基於磚瓦；千里之行，始於足下。我們熟知的一些企業家們也都是從最開始的一點一滴累積成功的。

在美國，大型連鎖超市沃爾瑪的英文全名是Wal Mart。但是按照慣例，該公司按照創始人沃爾頓的名字應該命名為Walton Mart。為什麼沒有這樣做呢？原因之一是，這種拼法少了三個字母，做招牌和廣告時既節省了成本，也不會對顧客的品牌認知產生影響。所以說，越是這種大型的公司，越是在每一個細微之處都「斤斤計較」，因為，每一個地方的節約，都會對公司產生規模化的利益。

浪費必然導致公司的資源流失、給公司造成巨大損失，不僅會影響公司的前途，也會影響到每個員工的利益與發展。因此，浪費無論是對公司還是對個人而言，都是一種致命的壞習慣。我們一定要有節約意識，為企業的發展做出更大的貢獻。

## ◎ 感恩思維：對工作抱有感激之情

英國作家薩克雷說：「生活就是一面鏡子，你笑，它也對你笑；你哭，它也對你哭。」你感恩生活，生活將賜予你燦爛的陽光；你不懂感恩，只一味地怨天尤人，最終可能一無所有。對待工作也是如此，你在的公司、所從事的工作有可能微不足道，但這是你安身立命的基石，是日後可能飛黃騰達的踏板。你在這裡拿到工作報酬，獲得生活經驗，認識志同道合的朋友，難道不該常懷感激之情嗎？

霍金被認為是繼愛因斯坦之後最傑出的科學家和理論物理學家。他雖身患頑疾，全身上下只有三根手指能動，但是卻寫出了最暢銷的科普著作《時間簡史》。

在一次學術報告結束之際，一位年輕的女記者充滿感情地問：「霍金先生，盧伽雷病已將你永遠地限制在輪椅上，你不認為命運讓你失去太多了嗎？」面對這個突兀的甚至有些尖銳的提問，霍金顯得很平靜，他的臉上依然帶著微笑。他用那根還能活動的手指，艱難地敲擊鍵盤。

於是，隨著合成器發出的標準倫敦音，寬大的投影屏幕上緩慢但卻醒目地顯示出如下一段文字：「我的手指還能活動，我的大腦還能思考；我有終生追求的理想，我有我愛的和愛我的親人和朋友；對了，我還有一顆感恩的心……」

對霍金來說，科學事業就是他的工作，雖然命運如此坎坷，生

活這樣艱難，但他依然抱持著一顆感恩的心。感恩，不僅是一種感情，也是人的本質特徵之一。忘卻感恩，人的存在就是不真實的。感恩是一種回報，是對他人幫助的回饋，也是一種積極面對生活的態度，能發揮人自身的價值和意義。它讓我們跳出個人悲喜得失的限制，以一種開闊的視野和寬廣的胸襟去看待人生種種。在職場生活中，感恩既是一種良好的心態又是一種奉獻精神。當你以一種感恩圖報的心情對待工作時，你會工作得更愉快，工作也會更出色。當公司遭遇危機時，能夠抱著感恩之心與公司同進退的人，不僅會得到上司及老闆的格外重視，還能實現自己的人生價值。

　　傑克在美國洛杉磯一家知名的廣告公司工作，他的工作很普通，就是做銷售，與客戶打交道。在傑克剛進公司時，公司營運良好，傑克工作起來得心應手，他的工作能力也得到了很多客戶的認可。後來，公司承接了一個大項目：在城市的各條街道做廣告。全體員工對此驚喜萬分，都全身心地投入到工作中，因為這個項目將給公司和員工帶來可觀的利益和發展前景。

　　公司總裁邁克・詹森是個精明的商人，他為人親和，贏得了很多員工的尊重，包括傑克。但讓人意想不到的是，由於估計錯誤，在這個項目的進行過程中，公司因資金缺乏，項目無法繼續進行，而陷入了困境。

　　在這個艱難的時刻，員工人心渙散，紛紛離去，但傑克仍然沒有放棄。一週後，公司人員所剩無幾，這時有一家公司以高薪聘請傑克，傑克對他們說：「公司在營運良好的時候給了我很多發展的機會，現在公司有困難，我應該抱著感恩的心與公司共度難關。讓我在這個時候甩手離去，我做不到。只要總裁沒有宣布倒閉，總裁留在這裡，我就不會離開，哪怕只剩下我一個人，我也會堅持到

底。」

由於街道廣告屬於城市規劃的重點專案，在政府的催促下，公司只有將這來之不易的項目轉移給另一家大企業，但是在簽訂合同的時候，詹森總裁提出了一個條件，那就是讓傑克在該企業裡擔任項目開發部經理，否則就不與之合作。詹森總裁握著傑克的手向那家企業總裁推薦：「傑克是一個難得的人才，更是一個值得信賴的人，只要他進了你的公司，就一定會和你以及你的企業風雨同舟。」

傑克一直在那家公司工作了十幾年，在他的努力下，企業也得到了飛速的發展，現在他已經成了那家企業的重要主管之一。

一份感恩之心能改變一個人的人生。正像傑克那樣，公司曾給了他發展的助力，當公司需要他時，他能懷著感恩的心為公司略盡棉薄之力，正因如此，他後來才能夠有新的發展契機。因此，當你意識到自己沒有任何權利要求別人時，那就對周圍的點滴關懷都多懷有一些感恩之情，盡自己所能回報他們，讓他們快樂。長此以往，你不僅會工作得更加愉快，所獲的幫助也會更多，工作會更出色。

日本一家著名的株式會社招聘新員工，面試的最後一關是由社長親自面試。有一年的面試題目僅有一題：「請問你有沒有幫媽媽洗過腳？」有個各方面都很符合公司條件的年輕人愧疚地回答說：「沒有」，社長說：「那請你現在先回去幫你的母親洗腳，三天後再來找我吧！」

年輕人不明白為什麼公司的面試還要有這種要求，但他還是按照要求回家幫自己的母親洗腳。在幫母親洗腳的

過程中，他發現他與母親的距離從沒有這麼近過，他的內心感到無比的溫暖，同時也發現母親的腳很粗糙，結滿老繭。他頓時百感交集，明白了社長的用意。他對自己之前只顧自己，從未關心過母親而感到慚愧，而母親卻每天辛苦工作，為家人、子女不求回報地付出。

三天後，年輕人去向社長一五一十地報告，說自己深刻地體會到了母親無私的奉獻，那種偉大的沒沒無聞的愛。社長滿意地點點頭說：「會做事不如會做人，會做人不如會感恩，會感恩的人就是最好用的人，我們需要的就是這種人才。」

感恩，其實是一種生活態度，不一定要用什麼驚天動地的行為來表達，有的時候只需要一句感謝，一個微笑就可以了。在職場中，不管做任何事，都要學會把自己放空，抱著學習的態度，將每一次不利都視為一個新的開始，一次新的經驗，不去計較一時的境遇得失。

一個有感恩之心的員工，會執著而無私、博愛而善良、敬業而忠誠，負有責任心和使命感。一個有感恩之心的員工，會把對企業的感激之情轉化為實際的行動，刻苦踏實、勤懇努力、無私奉獻。一個有感恩之心的員工，懂得關心他人，回報社會，與企業同舟共濟。學會了感恩，我們就會變得寬容，不再抱怨，不再計較。學會感恩，我們便能以一種更積極的心態去回饋那些曾經給與我們幫助和恩惠的人。學會感恩，我們會懷抱一顆感恩之心，去幫助那些需要幫助的人。不要覺得自己得到的一切都是理所當然的，也不要因為沒得到什麼而暗自傷神，自怨自艾。帶著一種從容、坦然、喜悅的感恩心情工作吧！你會獲得更大的成功。

## ◎ 人脈思維：累積關係在平時，不要臨時抱佛腳

　　比爾·蓋茲說過：「利用一切關係成就輝煌。」的確，多交朋友，少樹敵人，這對每個人來說都是有意義的忠告。單就賺取財富這件事來說，人際關係的好壞比其他任何因素都重要。在當今社會，處理好人際關係的重要性已得到公認。百萬富翁可能沒有很高的學歷，但是不能沒有廣泛而良好的人際關係。

　　當然，人際關係的累積不是一蹴而就的事情，而是一個漸進累積的過程。對人脈關係的累積，不能有臨時抱佛腳的想法，而必須注重平時的努力，平時應多主動與外界溝通，有資訊敏感度，廣泛蒐集有價值的資訊。累積了越多的社會資源，越能增強你的工作實力，在必要的時候甚至能向你提供意想不到的幫助。

　　在美國曾經發生過這樣一個真實的案例：

　　　　在一個風雨交加的夜晚，一對被淋得渾身濕透的老夫婦走進一間旅館的大廳，想要住宿一晚。

　　　　但是，非常不巧的是飯店已經沒有空餘的房間了。「十分抱歉，今天的房間已經被早上來開會的團體訂滿了，可是我無法想像你們要再一次置身於大風雨中。要不這樣吧！不知道你們願不願意在我的房間住一晚呢？它雖然不是豪華的套房，但還滿乾淨的，今晚我要值班，我可以待在辦公室休息。」飯店的夜班服務生誠懇地說。

　　　　老夫婦欣然接受了他的建議，並對造成服務生的不便表示歉意。第二天雨過天青，在老先生去結賬時，接待他的仍是昨晚的那位服務生。他依然很親切地說：「昨天您

住的房間並不是飯店的客房，所以我們不會收您的錢，也希望您與夫人昨晚睡得安穩！」

老先生點頭稱讚：「你是每位旅館老闆都夢寐以求的員工，或許改天我可以幫你蓋棟旅館。」

幾年後，這個服務生收到一封掛號信，信中提到了那個風雨交加的夜晚所發生的事，另外還附上一張邀請函和一張去紐約的來回機票，邀請他到紐約一遊。

在抵達曼哈頓的幾天後，這個服務生見到了當年的那位老先生站在路口處矗立的一棟華麗的新大樓前，而後那位老先生說：「這是我為你蓋的旅館，希望你能夠來為我經營。」

這位服務生非常吃驚地看著老先生，結結巴巴地說：「您是不是有什麼條件？您為什麼選擇我呢？您到底是誰？」「我叫威廉·亞斯特，我沒有任何條件，我說過，你正是我夢寐以求的員工。」老先生微笑著說。這旅館就是紐約最知名的華爾道夫飯店。這個服務生就是喬治·波特——希爾頓的首位總經理，一位奠定華爾道夫世紀地位的經營者。

是什麼改變了這個普通服務生的命運呢？無疑是在他的生命中遇到了「貴人」，但也正是因為喬治·波特注重平時人脈的累積，才讓他有了這樣的機會。這也從一個角度證明了人際關係的累積在於平時，臨時抱佛腳是沒有用的。

人際關係的累積是一種付出，就像你在銀行的零存整付一樣，只有平時的累積，才能在你需要時為你所用。如果你是一位立志創業的人，那麼你必須預見到，一旦你決定自己創業的時候，到底有多少人願意幫助你去拚搏和冒險，又有多少人願意把自己的命運和你的事業聯繫在一起，這對你能否取得成功至關重要。

　　下面這些方法不妨在平時的生活中多試試，對你累積人脈會有幫助。

### 1.增加自己被利用的價值

　　「自己是個半吊子，哪裡來的朋友？」《胡雪巖》裡的這句話，相當貼切地描寫了拓展人脈的祕訣。你自己的價值是決定你的人脈是否廣泛的基礎。只有增加了自己能幫助別人的能力，別人才會願意跟你交往。所以，這就要求你在平時多學習，多累積，讓自身的能力和見識不斷提高。

### 2.溝通交流是建立人脈網路永遠無法超越的路徑

　　在節假日，或對對方有特殊意義的日子，比如生日時，不妨打一通問候的電話或發一條祝福的簡訊、寄上一張精緻的賀卡、發一封E-mail，或透過MSN等進行溝通交流。所謂禮多人不怪，當別人收到你的問候時，在溫馨一笑的同時會加深對你的好感和印象。

### 3.樂於與別人分享

　　不管是資訊、金錢、利益還是工作機會，懂得分享的人，往往可以獲得更多的機會。願意與別人分享，是一種大氣的心態，別人自然也就更願意與你親近，你的機會自然也就越多。

### 4.把握每一個幫助別人的機會

　　所謂「受人滴水之恩，當湧泉以報」。你的幫助會讓別人更牢地記住你。幫不上大忙幫小忙，花旗銀行副總裁程耀輝一直秉持這個信念。不管來往的人的職位高低，他總是盡量幫助別人，所以大家都知道：「有事找Roman就對了。」實在幫不上忙，表示真誠的關心，別人也會銘記在心。

### 5.內向的人，可以多用網路

　　現代社會已經是一個資訊化社會，性格內向的人可以考慮多使用網路累積人脈，與網友建立各種「小圈子」以討論交流。

### 6.注意「小人脈」的累積

　　什麼叫「小人脈」？舉個例子，某天你想買點文具，就去拜

訪一位朋友。她拉開抽屜，拿出一大本名片，分門別類告訴你：如果急用，可以找供應商老張，他會送貨上門；如果希望價錢最低，可以自己到某某路某攤位找小陳。所以，小至送水、送複印紙的供應商，你都可以轉化成自己的資源，以備不時之需。這種「小人脈」，多半不必費心維護，只需建立清晰的名片夾或資料庫便可。

　　人間充滿著許許多多的因緣，每一個因緣都可能將自己推向另一個高峰。所以，不要忽視任何一個人，也不要疏忽任何一個可以助人的機會，學習對每一個人都熱情以待，學習對每一個機會都充滿感激。平時多注意累積，只要你夠細心、有耐心，都會培養起自己的人際關係網。

# 第 3 章

# 提高做事成功率的 10個關鍵思維

　　現在的職場生活，就好像是場快速競走，我們似乎每天都在做事，各種各樣、瑣碎繁雜的事情，忙忙碌碌，但是我們究竟在忙些什麼呢？每天從早忙到晚，似乎將事情都做完了，但真正做成的又有幾件？如此拼命的結果卻是白忙一場，成功似乎離你越來越遠。

　　怎麼辦？有沒有什麼辦法能夠提高我們的辦事成功率？本章的十個關鍵思維就要教你如何提高做事的成功率？

## ◎ 準備思維：機遇只偏愛有準備的頭腦

在當今社會，渴望財富與成功的人比比皆是，但是成功的人畢竟只是少數。為什麼大多數人都是庸庸碌碌過一生呢？我們常聽見身邊有人抱怨道：「他不過就是比我幸運些。」、「我也可以做到的呀，只不過我沒有那個機遇罷了。」……凡此種種，都是把責任推給了「幸運女神」，好似人生的幸與不幸不過都是幸運女神無聊時的遊戲而已。事情當真如此嗎？

有個年輕人過了三十五歲還在抱怨道：「那個蘋果當初為什麼沒有掉在我的頭上？」

幸運女神無可奈何地嘆道：「我也想幫忙你，照樣給你掉下一顆蘋果，結果你把它吃了。我決定換一種方法，在你閒逛時將一顆碩大無比的卡里南鑽石偷偷放在你的腳邊，將你絆倒，可你爬起來後，卻怒氣沖天地將它一腳踢下水溝。」

看看，這個不再年輕的年輕人，缺少的是機會嗎？答案顯然是否定的。總以為幸運女神拋棄了自己，總以為自己碰不上好的機遇，總以為能夠利用的機遇太少，因而把工作和生活上的一切不順心的事，都歸結為機遇很少光臨自己。其實，機遇對每一個人來說都是公平的，不存在厚此薄彼的問題，這就像陽光雨露會播撒到大地上的每個角落一樣，關鍵是一個人面對機遇時究竟能不能真正把握住。

這個世界，缺少的永遠不是機遇，而是抓住機遇的手。郵差可

以按兩次門，機遇卻從來只敲一次門。怎樣才能抓住轉瞬即逝的機遇女神呢？沒有什麼竅門，方法只有一個，那就是時刻準備著。你不知道機遇會在何時來到你的身邊，所以唯一能做的就是隨時做好迎接機遇的準備，因為機遇只偏愛有準備的頭腦。

沒有耕耘就沒有收穫，法國著名微生物學家巴斯德指出：「在觀察的領域裡，機遇只偏愛有準備的頭腦」。試想，如果佛萊明不是一個細菌學專家，或者對葡萄球菌沒有歷經數年的研究，或者粗心大意，把發了黴的培養液隨手倒掉了，那他還能成為青黴素的發現者嗎？

有成千上萬顆蘋果從樹上掉了下來，為什麼只有牛頓一個人發現了萬有引力定律？人們常常覺得這個就是牛頓的機遇，並用這個例子來說明所謂的純粹偶然機遇在人生中的巨大作用，但他們卻忘了，在蘋果掉下來之前，牛頓已經對重力從事過多年的研究與探索。

可以說，關於重力的一些極為複雜深刻的問題牛頓都反覆思考推敲過。對於尋找這個問題的答案，牛頓已經做了足夠多的準備。所以，蘋果落地這一常人毫不在意的日常生活現象之所以能激起他靈感的火花，並進一步做出異常深刻的解釋，很顯然，這是因為牛頓對重力已有了深刻的理解的結果，他做好了足夠的準備，只等蘋果掉下來。

同樣，有許多發現和發明看起來純屬偶然，其實，只要我們稍加思考，就會發現這些所謂的幸運發現和發明絕不是偶然得來的，不是什麼天才靈機一動或憑運氣得來的。事實上，在大多數情形下，這些在常人看來純屬偶然的事件，不過是從事該項研究的人長期苦思冥想的結果，在最終的成果收穫之前，他們已經為此做了充分的準備。

你無法決定機遇何時到來，但你可以決定自身的狀態。聰明的人總是一方面從事手頭上的工作，一方面注意捕捉著取得突破或成

功的時機，當時機沒有成熟的時候，便積蓄力量或尋找出路，一旦時機成熟，就順應形勢或潮流，促使自己的事業走向巔峰。

在能夠把握機遇並且充分地利用機遇的人那裡，機會時刻都存在著，他們對機遇就像有經驗的船夫利用風一樣，兩者之間似乎有一種默契。而在對機遇毫無知覺也不會很好地利用機會的人那裡，即使機遇來到眼前，他也不能及時地抓住，而是常常讓機會白白地失去。

機不可失，時不再來。現實生活中有些人總是坐著等機遇，躺著喊機遇，睡著夢機遇，殊不知如果這樣做，機遇就會像滿天星斗，可望而不可即，即使機遇真的來到身邊，他也發現不了，更不用說去捕捉和利用了。

一百多年前，有位叫萊維·史特勞斯的德國人到美國三藩市去經商。除了別的商品，他還帶了些帆布以供淘金者做帳篷。還沒有來得及下船，除了帆布，萊維所有的貨物都銷售一空。一針一線都需從其他城市進口的三藩市人需求之高給萊維留下了深刻印象。

下船後，萊維帶著帆布開始了他的「淘金」歷程。他很快就和一位挖金的礦工迎面而遇，此人抱怨道：「我們需要的並不是帳篷，而是挖金時經磨耐穿的褲子。」頭腦靈活的萊維一點也不猶豫，隨即和那位礦工一起到裁縫店，用隨身攜帶的帆布給他做了一條褲子，這就是世界上第一條工裝褲，也就是今天十分時髦的牛仔褲的鼻祖。那位礦工回去之後，消息不脛而走，大量訂單迅即而來。

萊維的成功讓人羨慕，但我們沒辦法複製他的成功，只能學習他的成功思維。那麼，萊維成功的關鍵思維是什麼呢？答案就是準備思維。礦工需要的是耐磨的褲子，而萊維手頭只有做帳篷的帆

布。如果萊維的觀察不仔細，準備不充分，恰好沒有帶帆布，故事恐怕就不是這樣的結局了。他就只會後悔自己帶錯了商品，而失去這次絕好的賺錢機會。

　　所以，從現在起，做一個時刻準備好的人吧，別錯過幸運女神的任何一次敲門。

## ◎ 效率思維：效率即時間、生命

對成功人士而言，什麼最珍貴？答案是時間。時間是最寶貴的，對於時間的寶貴程度，用什麼樣的詞來形容都不過分。

富蘭克林曾經告誡世人：「要記住，時間就是金錢。一個透過自己一天的勞動可以賺到十先令的人，如果四處遊蕩或者閒坐半天，儘管他在玩樂或者消遣中只花了六便士，也不應將此作為全部開銷，因為他實際上還另外花掉了，或者不如說另外扔掉了5先令。」

在富蘭克林報社前的商店裡，一位猶豫了將近一個小時的男人終於開口問店員：「這本書多少錢？」

「一美元。」店員回答。

「一美元？」這人又問：「能不能便宜點？」

「它的價格就是一美元。」沒有別的回答。

這位顧客又看了一會兒，然後問：「富蘭克林先生在嗎？」

店員回答：「在，他在印刷室忙著呢。」

「那好，我要見見他。」這個人堅持一定要見富蘭克林。於是，富蘭克林就走了出來。這個人問：「富蘭克林先生，這本書你能出的最低價格是多少？」

「一美元二十五分。」富蘭克林不假思索地回答。

「一美元二十五分？你的店員剛才還說一美元一本呢！」

「這沒錯，」富蘭克林說，「但是，我情願倒給你一

美元也不願意離開我的工作。」這位顧客驚訝極了。他心想，算了，還是早點結束對話吧。於是，他說：「好，那你說這本書最少要多少錢吧！」

「一美元五十分。」

「怎麼又變成一美元五十分了？你剛才不是還說一美元二十五分嗎？」

「對。」富蘭克林冷冷地說：「我現在能出的最好價錢就是一美元五十分。」

這位顧客沒有再說什麼了，他默默地把錢放在了桌子上，拿起書走了出去。

相信富蘭克林給這位顧客上了終生難忘的一課：對於有志者來說，時間就是金錢。如果想成功，就必須重視時間的價值。

時間就是財富，效率就是生命。在這個「快魚吃慢魚」的時代，如果組織運行效率高於行業平均水準，就可獲得快速成長，領先發展；而與行業持平，則只能維持生存，舉步維艱；要是低於平均水準，就將面臨淘汰出局的下場。

組織如此，個人也如此。有人比喻說，現在的職場生活，就像無數個陀螺在鞭子沒命地抽打下不停地旋轉。「抓緊時間把工作趕出來」；「快點做」；「明天必須交給我」；「沒有效率，那就只有回家」……正如英國著名政治家所說：「效率是做好工作的靈魂。」效率就是個人進退的命脈，有效率才有發展後勁，沒效率則會生存難保。尤其是在知識爆炸的社會裡，高效率就會勝人一籌，低效率就會落後挨打。

一個百萬富翁和一個窮光蛋至少在某一方面是完全一樣的——他們一天都只有24小時，1440分鐘，差別就在於他們怎麼利用這些時間。對成功的人來說，時間管理是很重要的一環。他們將時間看成是最重要的資產，因為每一分每一秒逝去之後，就再也不會回

頭。

時間對任何人都是毫不留情的，是專制的。時間可以毫無顧忌地被浪費，也可以被有效地利用。效率就是單位時間的利用價值，人的生命是有限時間的累積。以人的一生來計畫，假如以80高齡來算，大約是70萬個小時，其中能有比較充沛的精力進行工作的時間只有40年，大約15000個工作日，35萬個小時，除去睡眠休息，大概還剩2萬個小時。生命的有效價值就靠在這些有限的時間裡發揮作用。因此，提高這段時間裡的工作效率就等於延長壽命。

美國麻省理工學院對3000名經理做了調查研究，發現凡是優秀的經理都能做到善於安排時間，使時間的浪費減少到最低限度。《有效的管理者》一書的作者杜拉克說：「認識你的時間，是每個人只要肯做就能做到的，這是一個人走向成功的有效的自由之路。」

在西方，人們不僅自覺地遵守時間，而且強調高效率。現在加拿大某工程公司任職高級工程師的陳剛進公司時，為了表現自己勤奮苦幹的敬業精神，在下班後他總是主動晚回家。但是，不久他就被上司叫去說：「如果你下班還不回家，說明你在工作時間內不能及時完成你應該完成的工作，我們會考慮你是否適合高級工程師的位置。如果你僅僅是為了表現，我認為沒有必要，因為加班並不是高效率的表現。我們是工程諮詢公司，以花費的時間向客戶收費，我們也要提供給客戶高品質、高效率的服務。我希望你在上班時間高效率地工作，下班後多休息。」

那種不遵守時間的人，頭腦中就沒有「效率」的概念。而懂得珍惜、利用時間的人，會被認為可靠和值得信任。

有人說：「盜賊利用時間，謀士創造時間。」有效率的成功人

士既是謀士又是盜賊，他們能從無關緊要的事或休閒活動中竊取時間，創造精彩的人生。作為現代人，一方面必須科學地管理好自己的時間；另一方面，又要科學地展開工作，準確找出工作的突破點和重點，避免盲目工作、重複工作與無用工作，以提高辦事效率。

## ◎ 細節思維：小事不做，大事難成

　　世上最大的東西，往往都是由最小的東西組成。壯闊的大海是由一滴滴水組成的，雄偉的山峰是由一塊塊石頭壘成的。所以，我們應該重視小事，畢竟，小事不做，大事難成。

　　那些不能從小事中看到未來的人是愚人，而能夠從小事中看到未來的人，才是生活中的智者。正所謂「一屋不掃，何以掃天下」，「人生成功從小事做起」，這樣的道理或許人人皆知，然而生活中仍有人輕視自己身邊的小事，不相信那些「沒有什麼大不了的」小事對於造就一個成功者會具有巨大的影響，這樣的人也終將一事無成。

　　看看那些成功人士的經歷，我們會驚異地發現，他們都是從小事做起的，也正是對小事的專注，使他們獲得了巨大的成功。反之，不注意小事，往往會難以成事。下面的故事就是很好的證明：

　　　　一位民間企業的廠長在企業並不景氣的情況下，接到了一筆國外訂單，價值6000萬元。全廠職工聞訊歡欣鼓舞，摩拳擦掌準備大幹一場。

　　　　盼到談判那一天，廠長與外商的談判十分順利。眼看時已過午，廠長熱情地邀請外商共進午餐，然後再正式簽訂合同。大功即將告成，但就在去餐廳的路上，這位廠長喉嚨一陣發癢，「啪」地一口痰吐在了地上。外商見狀立即止步，表示合同不簽了，結束了這還沒有開始的合作。外商認為，連廠長都不愛惜自己工廠的環境，更何況其他人，因此他懷疑這種企業領導人帶領下的員工的素質。

看起來外商似乎有點吹毛求疵，小題大作，但就我個人來講，必須反省的這一悲劇的製造者，不是對方，而是本應具有較高素質的廠長。表面上看起來是他的一口痰，實質上是他的一種所謂的「小節」，而且是我們很多人不以為然、司空見慣的小事情，毀掉了一筆可觀的生意，讓全廠員工的希望變為失望，也使這位廠長錯過了一次成功的機會。

　　在現實生活中，有因為注重細節而為自己的人生打開嶄新道路的人，自然也就有因為不注重細節而失去機會的人。年輕人在找工作的時候，與自己心儀的工作失之交臂，很有可能就是因為一些關鍵的細節沒有處理好。要展示完美的自己很難，它需要將每一個細節都做到完美，但毀壞自己的形象卻很容易，只要一個細節沒注意到，就會給你帶來難以挽回的影響。

　　因小失大，實在是人生中最鬱悶的事情之一了。廠長的遭遇告訴我們，我們切不可小看那些不起眼的小事，如果你因為它們小而不去重視甚至放棄，那麼你將無法在你的人生旅途上平穩地邁進。人生的成功起始於小事，不行小事也必然難成大事，因小而失大，實在是人生的大忌。只有當你心甘情願地將你所遇到的每一件小事都完美地做好，當大事來臨時，你才會用你完成小事時所獲得的經驗得心應手地將其做好。

　　美國前國務卿歐布萊特曾是BON電影公司的公關部經理。在工作中，她非常善於運用一些小小的善意之舉增進人際關係。比如，她的下屬總會在某個繁忙的下午突然收到一張上面寫著諸如「你辛苦啦」、「你做得非常出色」之類的小卡片。在她丈夫生日的那一天，她總會盡心舉辦一場家庭宴會，邀請親朋好友歡聚一堂。就這樣，在繁忙工作的間隙，她並沒有花太多的時間，卻給他人送去了一

份又一份快樂。

　　她對這一作法，饒有興趣地解釋說：「大家的節奏都那麼快，大部分人都忘了一些最基本的問候，都認為這些是不足為重的小細節。其實正是這些細小的地方使人與人之間的情感變得不那麼緊張，所以我就想：為什麼我不能做得更好些呢？」

　　她又說：「一份小小的問候就能表現出一個人的真摯和誠意，使他人感到溫暖。人與人之間渴望溝通和交流，而這些微小的細節是最能展現出你的那一份心意的。」

可以說，細節就像人體細胞一樣舉足輕重，而且無處不在。那些成就非凡的人，著眼於大處，卻在細微之處用心、在細微之處著力，日積月累，終於漸入佳境，出神入化。這才是真正的成功之道。

　　要記住，世間的大事無不是由小事累積演變而來的，沒有人可以一步登天。如果你能認真地對待每一件事，把平凡的小事做好，那麼你的人生之路就會越走越順，成就大事的實現就會指日可待。

## 優勢思維：成功之道在於發揮優勢

　　超模凱特摩絲曾經捧紅過無數精品，好像任何精品一旦經過她的「欽點」就會迅速走紅。其實仔細看，這位時尚達人的身材也並不是那麼完美──平胸、個子不是特別高，還有一些O型腿。但她就是懂得利用適宜的服飾搭配以遮掩自己的缺點，將自己的優勢發揮到極致。

　　在現實生活中，就算是明星，也有高矮胖瘦，但為什麼她們看上去都是一樣的閃耀？事實上，人無完人，即使是明星也不可能長得十全十美。放眼時尚圈和娛樂圈的明星們，真正擁有完美身材的能有幾個？但為何她們看上去那麼完美無缺？答案就在於她們知道如何發揮自己的優勢。

　　那麼，什麼樣的裝扮是成功的？把自己的優勢都突出，把自己的缺點都隱藏的裝扮就是最成功的裝扮。那些穿衣典範們，就是能在遮掩自己的缺點的同時能穿出個人風格。事實上並沒有什麼訣竅，唯一的祕訣就是揚長避短。

　　穿衣之道在於揚長避短，為人做事也是如此。聰明的人往往能夠最大限度地表現自己的才華和優點，使自己具有永恆的魅力。因為唯有利用自己的長處，才能給自己的人生增值。相反，利用自己的短處則會使自己的人生貶值。有一句名言說得好：「寶貝放錯了地方便是廢物。」

　　這就是所謂的「優勢思維」。就是指組織或個人應該千方百計地創造條件，把精力、金錢和時間都用在發揮人的優點上，而不讓缺點干擾優點的發揮。

　　人的一生並不需要什麼都擁有，你只要擁有其中的一項，比如

一種拿手的技能，然後深入地挖掘它，做到精益求精，在這個領域內有所建樹，它就會讓你享用一生。

　　美籍華人科學家、曾獲諾貝爾物理學獎的楊振寧教授，年輕時到美國留學，立志要寫一篇實驗物理論文，但後來他發現自己的實際操作能力不行，便在導師的勸告下，放棄實驗物理而全面轉入理論物理的研究。這關鍵性的一步對他來講實在非常重要。他在《讀書教學四十年》一文中不無幽默地寫道：「這是我今天不是一個實驗物理學家的道理，有的朋友說這恐怕是實驗物理學的幸運。」

　　在用人大師的眼裡，沒有廢人，因為人無完人，但是每個人都有自己的優勢，只要將這優勢充分發揮出來，那麼你離成功就又近了一步。可惜的是，有些人非要與自己的缺點較勁，把所有的力氣都放在缺點上，那樣的人生是在自我貶值。

　　要知道，世間萬物都不會完美無缺，每個生靈都有自己的獨特天賦，所以，我們應該要做的是將自己的長處發揮到極致，而不是每天在「人無完人」的感歎中虛度光陰。只有揚長避短，才能取得成功。

　　馬克・吐溫作為職業作家和演說家，在事業上取得了極大的成功。但你不知道的是，當他還是個商人並且試圖成為一名商人時卻失敗過無數次，吃盡了苦頭。

　　他先是投資開發打字機，賠了5萬美元，最後一無所有。這時，馬克・吐溫又看見出版商因為發行他的作品賺了大錢，心裡很不服氣，於是他開辦了一家出版公司。然而，經商與寫作畢竟不是一回事，他又很快陷入了困境，短暫的從商經歷以出版公司破產倒閉而告終，馬克・吐溫

本人也陷入了債務危機。

經過兩次打擊，馬克·吐溫終於認識到自己並不具備商業才能，於是斷了經商的念頭，開始在全國巡迴演說。這回，風趣幽默、才思敏捷的馬克·吐溫完全沒有了商場中的狼狽，重新找回了自信。最終，他靠寫作與演說還清了所有的債務。

連如此有名的人物也並非樣樣精通、毫無缺點。馬克·吐溫的成功，就在於他牢牢地抓住了自己的優勢，並將它淋漓盡致地發揮出來。正如獵豹在草原上飛奔，雖然只能持續幾十秒，但牠將速度發揮到極致，就沒有什麼獵物不手到擒來。

尺有所短，寸有所長，人生成功的訣竅就在於利用自己的長處。要善於利用自己的優點和長處，而對自己的弱點和短處則要設法迴避。凡成功者，都是根據自己的長處來確定並堅持自己的人生方向，並因此如願以償地獲得成功的。

想堅守自己的優勢，就要能經得起各種誘惑的考驗，不隨波逐流。今天，皮爾·卡登這個名字已緊密地與時尚聯繫在一起，殊不知，其最初是涉足於劇院經營的。儘管他雄心勃勃、苦心經營，卻也難逃劇院倒閉的厄運。當他發現自己對舞台服飾有獨特的審美能力時，便毅然轉向服飾設計，並獲得成功，他本人也成為世界一流的服裝大師。

「天生我材必有用」，我們應當懷著這樣的信念，去找尋自己生命中的閃光點，讓我們的靈魂在邁向成功時熠熠生輝。

## ◎ 重點思維：找對要害，輕鬆突破

　　在眾多500強企業的總裁看來，優秀員工應當具備的最重要的能力就是發現問題的關鍵的能力，因為這是通向問題解決的必經之路。正如微軟總裁比爾‧蓋茲所說：「通向最高管理層的最迅捷的途徑，是主動承擔別人都不願意接手的工作，並在其中展示你出眾的創造力和解決問題的能力。」可以說，善於抓住問題的重點和關鍵，發揮了一個人卓越的資本和能力。

　　你有沒有問過自己這樣的問題：「我到底在忙些什麼呢？」我從早忙到晚，但是沒有一件事情是完成的。我這麼拚命，結果卻是白忙一場，沒有什麼成果。感覺自己一直是被工作追著跑。我到底在忙些什麼呢？其實，你的忙亂不是因為工作太多，而是因為沒有重點、目標不清楚，所以才讓工作變得愈來愈複雜，時間愈來愈不夠用。

　　重點思維意味著你知道自己該做哪些事、不該做哪些事。你的一天只有24小時，你能完成多少工作？在資訊龐雜、速度加快的現代職場中，我們必須在愈來愈少的時間內，完成愈來愈多的事情。在如今愈趨複雜與緊湊的工作步調中，重點思維是最好的應對之道。這正是職業生涯顧問比爾‧詹森給所有工作者的衷心建議。

　　比爾‧詹森自1992年至今，長期觀察企業員工的工作模式，探討造成工作過量、效率低下的原因。最初的調查對象包括了來自460家企業的2500名人士，持續至今已經擴大到1000家企業，人數達到35萬人，其中包括了美國銀行、迪士尼等知名的大型企業。根據他多年的研究調查結果顯示，現代人工作變得複雜而沒有效率的最主要原因就是缺乏重點。

因為不清楚目標，總是浪費時間重複做同樣的或是不必要的事情，遺漏了關鍵的資訊，卻浪費太多的時間在不重要的資訊上。抓不到重點，必須反覆溝通同樣的事情。

　　「少做一些，不是要你把事情推給別人或是逃避責任，而是當你焦點集中、很清楚自己該做哪些事情時，自然就能花更少的力氣，得到更好的結果。」詹森在接受最新一期的《快速企業》雜誌訪問時如是說。換句話說，目標清楚、掌握重點，是高效率工作的不二法門。

　　溫雷索爾旅遊公司的卡爾森給我們樹立了一個榜樣，他本身就是一個具有重點思維習慣的人。1968年，年輕的卡爾森加入溫雷索爾旅遊公司從事市場調查工作，3年以後，北歐航聯出資買下了這家公司。卡爾森由於出色的工作表現，繼續受到北歐航聯的重用，先後擔任了市場調查部主管和公關部經理。他善於解決經營中的主要問題，在短短的時間內就使這家旅遊機構發展成為瑞典第一流的旅遊公司。

　　卡爾森的經營才能得到了北歐航聯的高度重視，於是卡爾森獲得了更大的委任——擔任航聯下屬的瑞典國內民航公司的經理。

　　卡爾森剛接手的時候，這家公司的狀況很糟糕。它剛剛購置了一批噴氣式客機，由於經營不善，連年虧損，到最後就連購機款也償還不起。卡爾森就職後，充分發揮了擅長重點思維的才幹，但瑞典國內民航公司的問題出現在各方面，情況看起來複雜得讓人不知從何下手。

　　然而，上任不久的卡爾森很快就抓住了公司經營的癥結所在：國內民航公司所訂的收費標準不合理，早晚尖峰時間的票價和中午離峰時間的票價一樣。於是，卡爾森將

正午班機的票價削減了一半以上,以吸引去瑞典湖區、山區的滑雪者和登山野營者。此舉一出,很快就吸引了大批旅客,載客量激增。卡爾森任主管後的第一年,國內民航公司即轉虧為盈,並獲得了豐厚的利潤。

卡爾森繼續改革,他認為,如果停止使用那些大而無用的飛機,公司的客運量還會有進一步的增長。一般旅客都希望乘坐直達班機,但龐大的「空中巴士」卻無法滿足他們的這一願望,儘管DC-9客機座位較少,但如果能讓它們從斯堪的那維亞的城市直飛倫敦或巴黎,就能賺錢。但是,原來的安排是DC-9客機一般抵達哥本哈根客運中心就停飛,旅客只好去轉乘巨型「空中巴士」。為了解決這一問題,卡爾森把這些「空中巴士」撤出航線,僅供包租之用,開闢了奧斯陸到巴黎之間的直達航線。這一改動在乘客那裡收到了熱烈的反應,航班的滿座率不斷攀升,財源也隨之滾滾而來。

卡爾森利用自己的重點思維把「燙手的山芋」變成了「搖錢樹」,可以算得上是善於運用重點思維的典範。的確,成功人士在遇到重要的事情時,一定會仔細地考慮:應該把有限的個人精力集中在哪一方面呢?怎麼做才能使我們的人格、精力與體力不受到損害,又能獲得最大的效益呢?從重點問題突破,是成大事者思考的習慣之一,因為沒有重點的思考,就等於缺少主攻目標。所以,每個職場中人都要培養自己把握重點思維的習慣。

## 🎯 化簡思維：化繁為簡，找到問題的關鍵

你是否常常為一個難以解決的複雜問題而忙得不可開交？千頭萬緒不知從何做起？如果你認為只有焦頭爛額、忙忙碌碌地工作才可能取得成功，那麼你就錯了——保持簡單才是最好的應對方式。

簡單絕不是一個貶義詞，簡單思維是指以「簡單」為核心的思考方式。從思維科學的角度來講，簡單思維這個概念並不是一個貶義詞，也不是指一種低級的思維方式。首先，它是一個中性的概念；其次，它是指一種特殊的思考方式，這種思考方式有著特殊的思考功效，能夠幫助人們提高思考效率，處理各種問題。

美國太空總署發現，在太空失重的狀態下，太空人無法用鋼筆寫字。於是，他們花了大筆經費，研發出了一種可以在失重狀態下寫字的太空筆。同樣的問題，猜猜看，俄國人是怎麼解決的？

答案是，俄羅斯人用的是鉛筆。

多麼簡單的解決辦法，但確實是最實用、最有效的。在實際生活中，我們總習慣於把事情想得過於複雜，以為事情總是朝著複雜的方向發展。但實際上，複雜會造成浪費，而效能則來自於簡單。在我們做過的事情中，可能絕大部分是毫無意義的，真正有效的活動只是其中的一小部分，而它們通常隱含於繁雜的事物中。因此，只要找到關鍵的部分，去掉多餘的活動，成功並不那麼複雜。

有一次，愛迪生讓助手幫助自己測量一個梨形燈泡的

容積。事情聽起來很簡單，但由於燈泡不是標準的圓形，而是梨形，因此計算起來就不那麼容易了。

助手接過燈泡後，立即開始了工作，他一會兒拿尺規測量，一會兒又運用一些複雜的數學公式計算。可幾個小時過去了，他忙得滿頭大汗，卻還是沒有計算出來。

當愛迪生看到助手面前的一疊稿紙和工具書時，立即明白了是怎麼回事。於是，愛迪生拿起燈泡，朝裡面倒滿水，遞給助手說：「你去把燈泡裡的水倒入量杯，就會得出我們所需要的答案。」助手這才恍然大悟。

《史記》中云：「大樂必易，大禮必簡。」意思是說，「大」的音樂一定是平易近人的；「大」的禮儀則一定是簡樸的。世界的表現雖然複雜，但方法的本質卻是簡單的。面對紛繁複雜的萬事萬物，迎接不斷出現的新情況、新問題，說難也難，說易也易，關鍵看你能否把握方法的本質，是否善於用簡單的理念去處理、去破解。

複雜容易使人迷失，只有簡單化後才利於人們理解和操作。隨著社會經濟的發展，時間和精力已成為人們的罕見資源，管理者的時間更是有限，許多終日忙忙碌碌的管理者卻鮮有成效，究其原因正是因為缺乏簡單管理的思維和能力，分不清「重要的事」與「緊迫的事」，結果成了低績效或失敗的管理者。從這個意義上來講，管理之道就是簡化之道，簡化才意味著對事務真正的掌控。

有一則非常有趣的小故事，講的是日本最大的化妝品公司收到客戶的意見，抱怨買來的肥皂盒裡面是空的。於是，他們為了預防生產線再次發生這樣的事情，工程師想盡辦法發明了一台X光檢測器去透視每一個出貨的肥皂盒。

同樣的問題也發生在另一家小公司，他們的解決方法

是買一台強力工業電扇去吹每個肥皂盒，被吹走的便是沒放肥皂的空盒。同樣的事情，採用的是兩種截然不同的辦法，你認為哪個更好呢？

對於現象而言，最簡單的解釋往往比複雜的解釋更正確。如果你有兩個類似的解決方案，最簡單的、需要最少假設的解釋才最有可能是正確的。那麼，既然事情可以簡單處理，為什麼我們在大多數時候卻採用繁複的做法呢？

雞蛋怎樣才能立起來？哥倫布發現了新大陸以後，在各界名流為他舉辦的慶功酒會上，一位富翁認為，發現新大陸沒什麼了不起，再笨的人只要有膽量都可以做。

於是，哥倫布從廚房裡拿出一個雞蛋，請與會者把它立起來，結果，與會者絞盡腦汁，想了許多辦法仍立不起來。此時，哥倫布拿起雞蛋用力一敲，雞蛋馬上立住了。哥倫布說：「有些事情確實人人能做，但第一個做的人是天才，第二個做的是一般人，第三個做的是笨蛋。」哥倫布用最簡單的方式解決了問題，而大多數人為什麼做不到，因為不願意打破常規。

生活的哲理告訴我們，我們之所以不願意或做不到複雜問題簡單化或把簡單問題複雜化，根本的原因在於我們不能做到直面事務的本質而被表象所迷惑。我們被世俗的思維所迷惑，自以為成熟了，我們不能打破常規，因而思維越來越複雜。

既然如此，我們為何不讓自己變得簡單些呢？簡單的思路和活法會讓我們在解決問題時，容易找到問題的關鍵，使問題輕鬆地得到解決。

## ⊚ 堅持思維：再堅持一下就是勝利

在成功者的眼裡，失敗不只是暫時的挫折，失敗還是一次機會，它說明你還存在某種不足和欠缺。找到它，補上這個缺口，你就增長了一些經驗、能力和智慧，也就會離成功越來越近。在這個世界上，真正的失敗只有一種，那就是輕易放棄。

有時，成與敗就是耐力的較量。人們經常會停滯在離成功還有一點點距離的地方，但是那個地方依然叫失敗。

傳說，有兩個人偶然與酒仙邂逅，神仙一時興起，將釀酒之法傳給了他們：取端陽那天飽滿的米，再加冰雪初融時的高山流泉，將二者調和，注入深幽無人處的千年紫砂土鑄成的陶甕，再用初夏第一片看見朝陽的新荷覆緊，密閉七七四十九天，直到第四十九天的雞叫三遍後方可啟封。

就像每一個傳說裡的歷險者一樣，這兩個人他們費盡千辛萬苦開始尋找材料，那是極其漫長的一個過程，他們花了整整七年的時間，找齊了所有的材料，把它們一起調和密封，然後潛心等待四十九天後的重要時刻。勝利似乎就在眼前了。

第四十九天到了，兩人整晚都夜不能寐地等待著雞鳴的聲音。遠遠地，傳來了第一聲雞鳴。過了很久，依稀響起了第二聲，然而，該死的第三遍雞鳴遲遲沒有響起。其中一個再也忍不住了，他打開了他的陶甕，迫不及待地嚐了一口，卻馬上就愣住了：天哪！像醋一樣酸。大錯已經

鑄成，不可挽回，他失望地把它灑在了地上。

　　而另外一個人，雖然也按捺不住地想要伸手，卻還是咬著牙，堅持到聽見第三遍響亮的雞鳴時，才迫不及待地舀出來一嚐，大叫一聲：「多麼甘甜清醇的酒啊！」

只差那麼一刻，「醋水」沒有變成佳釀。七年都已經熬過，卻等不及那一聲雞叫，於是前功盡棄，之前的努力都白費了。多麼可惜！

可以說，許多成功者與失敗者之間的區別往往不是機遇或是更聰明的頭腦，只在於前者多堅持了一刻——有時是一年，有時是一天，有時，僅僅只是幾分鐘。

　　一位年輕人畢業後，到加勒比海上一個油田鑽井隊應聘工作。一切都很順利，只要再通過了海上實習就可以了。但是在海上實習工作的第一天，領隊要求他在限定的時間內登上幾公尺高的鑽井架，把一個包裝得十分漂亮的盒子送到最頂層的主管手裡。他以為是什麼重要的文件，於是拿著盒子快步登上又高又窄的舷梯，氣喘吁吁、滿頭是汗地登上頂層，把盒子交給主管。主管只在上面簽下自己的名字後，就讓他再送回去。他又快跑下舷梯，把盒子交給領隊，領隊也同樣在上面簽下自己的名字，讓他再送給主管。

　　他看了看領隊，猶豫了一下，又轉身登上了舷梯。當他第二次登上頂層把盒子交給主管時，渾身是汗，兩腿發顫，主管卻和上次一樣，只在盒子上簽了個名字，讓他把盒子再送回去。他擦擦臉上的汗水，拖著沉重的腳步轉身走向舷梯，把盒子送下來。領隊簽完字，又讓他再一次把盒子送上去。

　　他有些憤怒了，但還是盡力忍著沒有發作，拿起盒子艱難地一個台階一個台階地往上爬。當他到達最頂層時，渾身上下都濕透了，他第三次把盒子遞給主管，主管看著他，傲慢地說：「把盒子打開。」他撕開外面的包裝紙，打開盒子，裡面是兩個玻璃罐，一罐咖啡，一罐奶精。他憤怒地抬起頭，雙眼噴著怒火，射向主管。

　　主管又對他說：「把咖啡沖上。」年輕人再也忍不住了，「啪」地一下把盒子扔在地上：「我不幹了！」說完，他看著倒在地上的盒子，感到心裡痛快了許多，剛才的憤怒全釋放了出來。

　　這時，這位傲慢的主管站起身來，直視他說：「剛才讓你做的這些，叫做承受極限訓練，因為我們在海上作業，隨時會遇到危險，因此必須要求隊員具備極強的承受力，能承受各種危險的考驗，才能完成海上的作業任務。可惜，前面三次你都通過了，只差最後一點點，你沒有喝到自己沖的甘醇的咖啡。現在，你可以走了。」

　　這個可憐的年輕人，只差一點，就能喝到自己沖的美味咖啡，得到自己心儀的職位了。但成功者與失敗者的最大差距，也就在這一點點。承受是痛苦的，它壓抑了人性本身的快樂，但是成功，往往就是在你承受了常人承受不了的痛苦後才會出現。可惜，許多時候，我們總是差那麼一點點。再堅持一下就是勝利，這的確是個真理。

　　美國電影巨星史特龍曾經十分落魄，身上只剩十美元，連房子都租不起，睡在金龜車裡。當時，他立志當演員，並信心十足地到紐約的電影公司應徵，但都因外貌平平、咬字不清而遭到拒絕。當紐約所有的電影公司都拒絕

他後，他寫下了劇本《洛基》，並拿著劇本四處推銷，結果仍然被嘲笑奚落，他一共被拒絕了1855次，但堅持到底的史特龍最終成了聞名世界的超級巨星。

如果史特龍在面對第1854次拒絕的時候放棄了，那後面所有的成功就都與他無關了。但是，你能面對第1855次的拒絕後仍不放棄嗎？這就是成功者與失敗者的差距——成功者絕不放棄，放棄者絕不成功。據調查，銷售人員每獲得一份訂單需向顧客提出4～6次的成交要求。如果在第三次提出成交要求遭到拒絕後就不再努力了，就不會有第4～6次後的成功。

所以，當你承受不住的時候，千萬不要輕言放棄，告訴自己，再堅持一下，再堅持一下就是勝利。

## 🎯 完美思維：永遠不要說「做得夠好了」

「不管做什麼事情，都要全力以赴。」羅素‧康威爾說：「成功的祕訣無他，不過是凡事都要求自我達到極致的完美表現而已。」要知道，成功的人絕對不會以平庸的表現自滿，而且他們不管做什麼事情，都會全力以赴、追求完美。

現在，越來越多的企業開始實行「末位淘汰制」管理。面對這樣的管理體制，我們應當如何應對？首先要改變的一點就是態度——永遠不要說：「做得夠好了」，因為你時刻都處在競爭的環境中。「逆水行舟，不進則退」，在競爭中，稍微的遲疑或者自滿，都有可能帶來失敗的惡果。就像畫家畫畫一樣，最滿意的作品永遠在下一張出現。

在工作中，不要說：「我做得夠好了」，而要問「還有什麼更好的方法」；不要說：「這不關我的事」而要勇敢地承擔起屬於自己的責任，並要不斷地分析效果優劣的關鍵所在，吸取經驗教訓；不要滿足於現狀，而要不斷給自己設立更新更高的目標——只有給自己設立一堵牆的障礙，才能輕而易舉地跨越過一塊磚的障礙；不要總是等別人來告訴你怎樣做，而要主動出擊尋找問題——把自己永遠放在主動的位置上；不要說：「我也不清楚該做些什麼」或者「讓我做這事，簡直是大材小用」，而要準確地進行「自我定位」，踏實地承擔起現在分配給你那份責任。

有些人對工作的自我要求是「完成任務即可」：老闆交代的工作在dead-line之前完成，就是完成了任務，若是比老闆要求的時間還提早了一些，那更是「足夠好的工作表現」了。公司規劃的任務，完成了自己負責的那一部分就可以心安理得地領工資了。要是偶爾

心情好多做了一些，那更是「足夠好的工作表現」了。

　　但是，永遠不要說：「做得夠好了」。一旦你對自己這麼說了，那就意味著你再也沒有進步的可能。在當今這個社會，不進步就等於自殺。

　　　曾經有一個工匠，他受雅典城的委託雕刻一座石像，這座雕像將矗立在神廟的屋頂上。這是一個無比榮耀的工作。工匠做得很仔細，以至於他比預計的時間晚了好幾個月才完成雕塑，因為他把雕像的背面雕刻得和正面一樣漂亮。雅典城的官員因為他超過時限而非常生氣，問道：「你把雕像的背面雕刻得和正面一樣漂亮有什麼用呢？又沒人看得見背面。」「是嗎？可上帝能看見！」工匠回答道。

　　做事情就好比把所有雕像的正面放在了一起，展示給我們看。這位工匠的言行告訴我們這樣一個道理：當你工作時，應該這樣要求自己：能做到最好就不要做到差不多；可以努力達到藝術家的水準，就不要甘心淪為一個平庸的工匠。

　　　有一次，孔子向魯國著名的琴師師襄子學彈琴。練了十天，還在彈同一首曲子，師襄子見了此情景便說：「你可以學習新的內容了。」孔子聞此語，笑了笑說：「我已經熟悉了曲子，但還沒有學會彈琴的技術。」

　　　又過了一段時間，師襄子對孔子說：「你已經熟悉了彈琴的技術，可以學習新的內容了。」孔子卻說：「我已經熟悉了彈琴的技術，但還沒有體會琴曲的意蘊。」

　　　又過了一段時間，師襄子對孔子說：「你已經體會了琴曲的意蘊，可以學習新的內容了。」聽了這話，孔子又

說：「我還沒有體出會曲中的人的心境和模樣。」

又過了一段時間，孔子終於感覺到了琴曲中人穆然深思的樣子、安然愉悅的心情、高瞻遠矚的志向，於是便找來師襄子對他說：「我知道曲中人的心境如何了。他高大挺拔，目光深遠，是天下之王。此人若不是周文王，那還會是誰？」師襄子聽了孔子的話，不禁連連誇讚。

孔子在師襄子的認可下也不學習新內容，反而一直學習一首曲子，這是為什麼呢？因為孔子想完美地彈好這首曲子，他不僅僅要學曲子的彈法和技巧，還要細細體會曲子的意境與曲中描寫人物的樣子。只有這樣精細的研究，才會讓彈出來的曲子更加動聽，更加生動。這就是孔子追求完美的思維。

對每一個人來說，對每件需要做的事情，都要達到盡善盡美。比如說在工作中，不是最好的計畫，就可以不去讀它，只有最好、最完善的，才是被期望與接受的。一個人或者一個團隊，只有好的工作計畫才能逐步地靠近自己的目標。所以，永遠不要說自己已做得足夠好，這樣才能不斷進步，取得更大的成就。

## ◎ 學習思維：堅持學習，改善自己

有人說，知識可以讓空虛的人變得充實，可以讓怯懦的人變得勇敢，可以讓無知的人變得淵博，讓狹隘的人變得開闊，讓膚淺的人變得深邃，甚至可以改變一個人的命運。

在當今時代，受教育是一個人的生存之本，但如果把眼光緊盯在找工作謀生上，往往限制了自己的發展。而不斷學習，不斷為自己的未來累積，才能把謀生真正變成做事業。

日新月異的社會讓大家對新事物應接不暇。人們面對千變萬化的世界，就必須努力做到活到老、學到老，要有終身學習的態度。何況現代社會的知識壽命已大為縮短，知識淘汰的速度正在逐漸加快，過去所學習的知識，很快就會過時。

可以說，任何成功都不是天上掉餡餅，而是透過學習，透過自身的努力獲得的。為了生活得更好，更有成就，只有更好地學習，做學習型人才。不可否認，善於學習的人往往能夠主宰時代，反之，則被時代淘汰。

一個人如果不及時更新自己的知識，很快就會進入所謂的「知識半衰期」，很快就會被淘汰。據統計，當今世界有九成以上的知識是近三十年產生的，知識半衰期只有五至七年。而且人的能力就像蓄電池一樣，會隨著時間而逐漸流失。人們的知識需要不斷「加油」、「充電」，否則，很快就會在現代社會中失去能量。

大導演史蒂芬・史匹柏決定回到加州大學讀完當年還沒有讀完的電影系學業。1965年，史蒂芬・史匹柏在讀大學二年級時拍了一部22分鐘的短片，參加亞特蘭大電影

節，好萊塢的投資者看過後，馬上與他簽約，史蒂芬‧史匹柏因此輟學到好萊塢發展。事實證明這一步是對的，如果他當年不把握機會，堅持要完成學業，他或許成不了大師。

但40年過去了，史蒂芬‧史匹柏雖然功成名就，但卻選擇了回校學習。史蒂芬回到大學，用假名重新註冊插班，用假名參加考試，只有幾個教授知道他的身分，他的功課與其他學生一起送交校外的學者審閱。課程要求學生交電影實習作業，史蒂芬在《辛德勒的名單》中選取了12分鐘的影片，還交了《大白鯊》和《第三類接觸》的片段。大學電影系助教凱利為他評分，給他的成績為「良」，評語是「該學生對音響、燈光、剪接和劇本管理頗有駕馭力」。

這位《侏羅紀公園》的主人還副修一門叫野生生物的學科。教授說他精於恐龍方面的知識，上課謙卑有禮，除了有一天在課堂上把一隻腳放在書桌上。他向老師道歉，解釋是前一天與兒子一起玩滑板時扭傷了腳。教授提醒班上其他學生，不要對這個天王級的同學有什麼崇拜的眼光，只把他當普通人。學生做到了，沒有向他索取簽名，但在畢業典禮的那天，他們告訴父母：我與史蒂芬‧史匹柏同一年畢業。

在現代社會中，沒有萬能的知識。未來社會的競爭，必將逐漸從知識競爭轉向學習能力的競爭。無論是對個人還是集體，學習都是不可缺少的一個環節。沒有好學之心，個人不能進步；沒有好學的氛圍，集體的發展也將停滯不前。如果你每天花一個小時的時間用來學習你不知道的知識，那麼在五年之後，你就會驚訝於它給你的生活帶來的影響。

有一家法國小公司被一家德國跨國集團兼併後，公司新總裁就宣布：公司不會隨意裁員，但如果員工的德語太差，以致無法和其他員工溝通，那麼他很有可能被裁掉。公司將透過一次考試來檢驗他們的德語水準。

　　當其他的員工都湧向圖書館開始補習德語時，只有一位叫皮埃爾的員工和往常一樣沒有表現出緊張的神情。其他人認為他可能已經放棄這個職位了，但是當考試成績公佈後，皮埃爾的成績卻是最高的。他的老闆根據成績外加其他幾項考核，決定任命皮埃爾擔任集團公司的區總經理。

　　原來，皮埃爾自從大學畢業來到這家公司後，就認知到，與別人相比，自己無論是在知識上還是在經驗上都沒有特別突出的地方。從那時起，他就開始透過各種形式的學習來實現自我提升。公司的工作雖然很忙，但是皮埃爾每天都堅持學習新的知識和技能。因為是在銷售部工作，他看到公司的德國客戶有很多，但自己卻不會德語，每次與客戶的往來郵件與合同文本都要公司的翻譯幫忙，有時翻譯不在或兼顧不上時，他的工作就要受影響。雖然公司沒有明文規定要學德語，但是皮埃爾還是自動地學起了德語。

　　對皮埃爾來說，公司被兼併這樣的事情顯然不是他所能決定的。但是他能夠透過積極的學習，增加自己的技能，從而順利地達成了新任上司的要求。

　　顯而易見，皮埃爾把自己的業餘時間用來學習，為自己的事業累積了「知本」，終有一天，這些「知本」將成為他事業前進的推動力。因此說，有這種「知本」意識的人，想不成功都難。

　　總之，沒有付出肯定就不會有收穫，每天學習一點點，每天進

步一點點，長此以往就是一個可觀的成績。「學習像逆水行舟，不進則退」，只有不斷地學習、不斷地進步，才能讓自己與社會共同進步。

## ◎ 正面思維：最簡單的成功思維

　　人和動物、植物的區別就在於人具有思維，人有自我意識，可以對自己的內心想法進行審查、反思和鑑別。心理學專家威廉・詹姆斯說過，我們這個時代最偉大的發現就是人們可以透過改變思維方式來改變自己的生活方式，而思維方式是一種選擇。我們可以用積極的思想對待事物，也可以用消極的思想對待事物。除非身體機能出現紊亂，否則我們都可以自主地選擇用正面還是負面的思維方式進行思考。

　　大腦是個出色的篩檢程式，但很多人卻不會使用它。阿蘭・彼得森在《更好的家庭》一書中說道：「消極思潮正影響到我們所有的人，人天生就容易受到消極思想的影響。」在實際工作中人們會發現，團隊中如果有一個人講喪氣話，就有可能降低整個團隊的士氣。理論研究也表明，真誠的讚揚令人精神鼓舞、幹勁十足。

　　弗蘭克・泰格研究過很多失敗人士。他發現：「成功路上的障礙多是人為的，而製造障礙的人往往就是自己。」很多員工因循守舊，沒有創意，不敢行動，甚至妄自菲薄，總覺得自己不如別人。

　　成功有順序，首先是思維的成功，然後是作法的奏效，最後才有成果的展現。可以說，正面思維是成功的源頭，哪裡有成功，哪裡就有正面思維。

　　正面思維會保證人處理任何事情都以積極、主動、樂觀的態度去思考和行動，促使事物朝有利的方向轉化。正面思維使人在逆境中更加堅強，在順境中脫穎而出；變不利為有利，從優秀到卓越。從認知上改變命運，是事業成功和實現自我的有效途徑，它的本質是發揮人的主觀能動性，挖掘潛力，展現人的創造性和價值。

125

可以說，有什麼樣的念頭，就會有什麼樣的人生。比爾‧蓋茲說：「人和人之間的區別，主要是脖子以上的區別。」根據生物學家的實驗資料顯示，一般人的大腦在智慧上並沒有多大的區別，那麼人和人的命運為什麼不同呢？那是因為使用大腦的方式不同。正面思維是一種使用方式，負面思維也是一種使用方式。美國詩人蘭斯頓‧休斯說：「兩個關在監獄裡的人透過欄杆看外面，一個看到的是泥土，另一個看到的是繁星。」看到繁星的人，目光朝上，希望有所作為，是個具有正面思維的人；看到泥土的人，目光朝下，自暴自棄，是個具有負面思維的人。那麼，我們應該怎樣培養自己的正面思維呢？

第一是看到自己的優點，明白自己的優勢和潛力，就不會知難而退，輕言放棄，而是敢作敢為，奮鬥到底。

有一位專家，多年來持續剖析中國最大PC集團聯想集團，他的結論是：「把5%的希望變成100%的現實，是聯想集團的管理哲學中最令人激動的部分。」他說的就是柳傳志。1984年，人到中年的柳傳志似乎想通了什麼，毅然從中科院辭職，但由於沒有江湖經驗，借來的300萬資金被深圳一家公司騙走，柳傳志隻身來到深圳，死纏爛打，硬是虎口奪食，從騙子手中要回了自己的錢，開始了創業之路。

第二是要看到別人的優點。看到同事的優點，就會見賢思齊，加強團隊合作意識，把共享的蛋糕變大；看到上司的優點，就會上下相得，如魚得水；看到下屬的優點，就會用其所長，調動其積極性，實現多方的共贏。如果彼此看不起對方，互相傾軋，爾虞我詐，結果便會如法國存在主義哲學家沙特所說：「他人就是地獄。」

第三是要看到處境的正面。人就是這樣，入芝蘭之室，久而不聞其香；入鮑魚之肆，久而不聞其臭。所以，我們要睜開眼睛看世界，撥開雲霧看青天。如果我們明眸善睞，看到處境的正面，就能化險為夷，轉危為安，反敗為勝。

第四是絕不放棄。商業領袖都很執著，英特爾前總裁安迪・格魯夫寫過一本書，書名就叫《只有偏執狂才能生存》，很受歡迎。有一家德國軟體公司三十年來就堅持只生產一種產品，而世界10家最賺錢的公司裡有9家都使用它的軟體，這家公司就是大名鼎鼎的SAP。面對不期而遇的突發事件，若能從正面進行回應就能抓住機會。機會並不重要，重要的是抓住機會。

　　第五是要主動去承擔責任。歷數中外著名的商業巨頭，沒有一個人是隨隨便便就成功的，他們的祕訣就是比別人多走一步。

> 　　年輕的安德魯・卡內基當年進匹茲堡鐵路公司沒多久，很希望做電報員，但苦於沒有機會。一天清晨，他剛進辦公室，就聽見呼叫匹茲堡的信號特別強烈。憑著直覺，他認為有人迫切希望聯繫，但電報員不在，他雖然從來沒有操作過電報機，但還是大著膽子做出應答，讓紙帶運轉了起來。
>
> 　　信號來自費城，需要立刻給匹茲堡發一個通知，問能否接收。他回答說，如果能慢一點發，他可以試著接收。結果，他成功地收到資訊，上司乾脆讓他做了電報員。

　　其實卡內基並沒有做出多大的實際貢獻，他所做的幾乎每個職員都能做，但他主動去承擔責任的意識卻是許多員工沒有的。可以說，卡內基的成功首先是贏在意識上。

　　如果卡內基墨守成規，不管不問，也沒有人會責備他，但是他積極主動去工作，保持通信暢通，解決了出現的問題，別人對他的看法就發生了重大的變化。正因為肯主動承擔責任，才使他從一群資歷比他老的職員中脫穎而出。因此說，卡內基正是正面思維的代表。

　　正面思維是個無窮無盡的話題。卡爾・巴德有句名言：「雖然

時光不會倒流，無人能夠從頭再來，但人人都可以從現在做起，開創全新的未來。」正面思維是最簡單的成功思維，它會幫助我們在成功的征途中搬開絆腳石，披荊斬棘，乘風破浪，發現自我，進而實現自我。

# 第4章

# 走向團隊合作共贏的
# 10個關鍵思維

現代社會早已不是亂世出英雄的年代。一個人
單槍匹馬成就偉業的做法可能早已不現實，在更多
的情況下我們需要團隊的合作、盟友的協助、需要
他人的力量。「好風憑藉力，送我上青天」，如何
掌控這陣風，以人之力成己之事，就得認真看看本
章，讓自己具有走向團隊合作共贏的十個思維。

## ◎ 賞識思維：看到別人的優勢

　　曾經有人在一次公司同事聚會的時候做過這樣一個小遊戲，以不記名的方式讓每個人寫出自己最有好感的人的人員名單，同時也寫出自己最討厭的人的人員名單。最後經過統計發現：那些讓你產生好感的人，往往也是對你有好感的人；同樣地，你所討厭的人，往往也是討厭你的人。

　　由此不難看出，人際關係是相互的，與人為善，就是與自己為善。當你用賞識的眼光看待別人時，別人同樣也會賞識你。而當你用不屑的眼光看別人時，別人也會對你表示不屑。

　　美國學者赫茲伯格經過調查研究發現，他人的尊重可激發強烈的內在動力，促使人們努力工作，自願與他人合作。因此，公司上級對員工的智力和情感的尊重可以促使員工為了企業的成功而更好地應用自己的知識和技能，自願地進行相互合作。如果員工認為他人不尊重自己的能力，就不會願意與他人分享自己的知識、創意和技能。同樣，如果員工認為他人不尊重自己的情感，就會產生不滿情緒，就會隱瞞自己的觀點，消極地執行甚至抵制企業的管理決策。我們一起來看這樣兩個截然相反的例子。

　　心理學家威廉・傑姆斯曾說過：「人性最深層的需要就是渴望別人的讚賞，這也是人類之所以區別於動物的地方。」賞識應是為人之道。不懂賞識，不願賞識，人與人之間往往就多了一份挑剔，少了一份欣賞；多了一份苛求，少了一份呵護。

　　「優秀的人總是相互欣賞的。」蘇格拉底常這樣對學生說。學會賞識他人，這是人生的一個美好情懷，也是走向成功不可或缺的一個重要前提。有一個詞在國外的使用頻率非常高——

「Congratulations」（祝賀你），這個詞雖然看起來很長、複雜，但是他們說得卻是相當流利。家人之間、朋友之間、同事之間，常常因為一點小成績，一點小進步就互相祝賀，這是因為他們能夠發現可祝賀的事情，他們眼中有美，他們眼中有對家人、朋友、同事的欣賞和關愛。然而對我們來說，多數人還沒有這種賞識的意識，我們發現不了別人的美麗，發現不了別人的進步，發現不了別人的優點。在普通人際關係如此，競爭對手之間更甚。我們看到別人的成績比自己強，心裡總是酸酸的，雖然這是正常的心理反應，但一定要學會坦然面對，要學會克服這種無奈。試想，你的成就對別人而言也是無奈，你也有別人無法比擬的成就和特色，這就是一種相互共存的平衡關係。

就像鏡子一樣，你向它微笑，它也會還給你一個笑容，你欣賞了別人，別人才會欣賞你。人與人之間不是沒有矛盾，也不是純粹的和諧，只是這種矛盾也罷，相互競爭也罷，都不應該被放大到那麼不可調和。你只要稍稍調整一個方向，換一個角度，就會感覺天地一下子變寬了，道路也變得更開闊了。

懂得賞識別人，實際上是在為自己的將來作鋪墊。我們知道尺有所短，寸有所長，每個人都有自己的長處和短處、優點和缺點，學會賞識他人，就是要多看看他人的長處和優點，才能對自己的缺點和不足有一個清醒的認識。以人為鏡，可以明得失，因此要時時警醒自己，切不可有自滿的情緒，天外有天，人外有人，要自覺地取他人之長補己之短，從而不斷地充實和完善自己，使自己的人生價值得到一次次的提升。

## ◎ 競合思維：智者的雙贏之道

　　「競合」這個詞雖然誕生不久，但卻迅速風靡整個商界，並蔓延到其他許多的領域。這是由美國商界人士發明的一個新詞：Coopetition，也就是Cooperation（合作）和Competition（競爭）的合成詞，中文將其翻譯為「競合」。

　　我們常說，商場如戰場，商業競爭的對手就是敵人，而對待敵人的辦法在人類的歷史上似乎只有一個，那就是把它擊潰，把它打敗。隨著時代的發展合作意識漸漸深入到各個領域中，傳統的競爭模式正被一種新的理念所取代，這就是「競合思維」。企業之間既競爭又合作，本來在擂台上互相搏擊的競爭對手，現在要切磋互助，追求共贏。它的出現，改變了人們對競爭的認識，在競爭中求合作，在合作中有競爭，是今後商業活動的發展趨勢，也是現代企業之間關係的基本特徵。

　　競合思維可以使互補型的企業資源得到充分的利用，讓同質企業之間共同開拓市場、參與市場競爭，這樣既增強了各自在市場上的競爭力，最終也使雙方的企業價值都得到提升。

　　在新的經濟形勢下，尤其是金融危機後，新的市場環境不再崇尚誰吃掉誰這樣一種求生手段，企業必須學會與市場中的其他經濟主體共同生存發展，著眼於長遠的共同利益，努力尋求新的市場機會，實現雙贏，因此也要求企業更加重視「競合思維」。

　　　德國寶馬汽車公司和戴姆勒公司旗下的梅塞德斯—賓士
在整車製造領域存在著品牌競爭，但雙方不僅共同開發、
生產及採購汽車零件，且在混合動力技術領域上進行研究

合作。相對大眾的奧迪、福特的富豪及豐田的雷克薩斯等其他高級轎車製造商而言，寶馬和賓士並沒有強大的母公司作為背景，無法共用產品部件或技術以降低研發、生產及採購成本。

為了能在激烈的市場競爭中獲取優勢，兩家公司透過競爭與合作，互通有無、共用資源，從而在汽車業整體利潤下滑的趨勢下獲得了相對較好的收益，最終取得雙贏。

綜觀兩個品牌的車型，我們不難發現，賓士的每一個車系，幾乎都能在寶馬的陣營裡找到影子，但絕不會仿造雷同，兩個車型在相互學習的過程中依然保持自己一貫的風格。兩家公司也曾在不同場合對公眾表明自己的立場：我們彼此是最大的競爭對手，但一旦外敵入侵，我們會自動結成攻守同盟。也就是說，無論是誰意圖入侵兩家企業所佔有的市場，都會遭遇兩家的強烈反擊。

這是寶馬和賓士的合作史，而在他們的競爭史中，我們也看不到價格戰的硝煙，因為雙方都知道，堅守各自的競爭優勢，尋求差異化的品牌策略，才會進入良性的競爭環境。唯有眾人一起把市場這塊蛋糕變大，每個人能分到的部分才能越多。所以，儘管這二者的定位和目標客戶群高度重疊，卻沒有生產過任何一款同型車，一個強調駕駛樂趣，一個強調乘坐舒適的經典描述，已然成為消費者心目中定型的品牌印象。

在美國南部的某一個州，每年都舉行南瓜品種大賽。有個農夫的成績相當優異，經常是首獎及優等獎的獲得者。但他在得獎之後，往往毫不吝嗇地將得獎品的種子分送給街坊鄰居。

有一位鄰居就很詫異地問：「你的獎項得來不易，每季都看你投入大量的時間和精力來做品種改良，為什麼還

這麼慷慨地將種子送給我們呢？難道你不怕我們的南瓜品質因此而超過你嗎？」

這位農夫回答說：「我將種子分送給大家，幫助大家，其實也是在幫助我自己。」

原來，這位農夫居住的城鎮是典型的農村形態，家家戶戶的田地都毗鄰相連。如果農夫將得獎的種子分給鄰居，鄰居們就能改良他們的南瓜品種，也可以避免蜜蜂在傳遞花粉的過程中，將鄰近較差的品種轉而傳給自己，如此一來，農夫才能夠專心致力於品種改良。相反地，若農夫將得獎的種子私藏，則鄰居們在南瓜品種的改良方面勢必無法取得更進一步的發展，蜜蜂就容易將那些較差的品種傳給自己，而他就必須在防範外來花粉方面大費周折，疲於奔命。

在獲得獎項這件事上，這位農夫和他的鄰居們的確處於互相競爭的狀態，然而在另一方面，雙方又處於一種微妙的合作狀態。也正是這位農夫充分認識到了這種競合的形勢，明白向鄰居贈送種子不光是對自己的威脅，也是幫助，才能每年都使自己的種子更優質，從而獲得大獎。

過去，柯達和富士在全球範圍內激烈對抗，用各種方法分食傳統膠卷市場。當日本的數位相機突然從天而降時，兩個冤家對頭才如夢初醒——影像業的邊界已經被重新界定，沒有人是這場戰爭中的贏家。這就像那個寓言故事一樣現實，鷸蚌相爭，漁翁得利。所以，腦中沒有合作觀念，只有競爭意識是很危險的。

現在，越來越多的企業已經意識到這一點，除了我們之前提到的寶馬和賓士之外，西門子和波導這兩個昔日拚得你死我活的對手，如今已經徹底結盟。日本三洋與海爾、荷蘭飛利浦和TCL、摩托羅拉與東方通信、IBM和聯想都締結了某種形式的戰略聯盟，走

上了競合之路。

　　全球知名的戰略諮詢公司麥肯錫諮詢公司曾經提出，在21世紀，企業的發展新戰略就是合作競爭，結盟取勝。競合可以擴大企業的資源邊界，可以充分利用對方的資源，提高本企業資源的利用效率。透過合作互補產生1+1>2的協同效應。

　　赤壁之戰大家都不陌生，孫、劉聯合抗曹，以弱勝強，取得了勝利。這一段歷史佳話，其實就是一個典型的競合實例。我們說商場如戰場，但還有句名言是「沒有永遠的敵人，只有永遠的利益。」既然企業都是為了營利，那麼與其鬥得兩敗俱傷，倒不如摒棄前嫌，尋求競合的雙贏之道。

## ◎ 團隊思維：集體的利益至高無上

　　有人說，當經濟學的理念浸潤進每個人的生活中時，傳統的數學觀念已經不起現實的考驗。大家常常會說，一分耕耘一分收穫，但在現實的環境裡，就是有讓你付出許多，卻一無所有的情況。1+1>2可能嗎？可能，當你在團隊中的時候。

　　團隊合作已經越來越深入人們生活的各方面，團隊合作的重要性和實際意義也越來越明顯。在這個競爭加劇的商品經濟時代，單兵作戰的個人英雄主義早已過時，取而代之的是團隊精神，是不同的個體透過合作和互助達到最終目的的行事方式。在當今這個時代，團隊思維已逐漸深入人心。

　　　有一個裝扮像魔術師的人來到一座村莊，他向迎面而來的婦人說：「我有一顆魔法石，如果將它放入燒開的水中，會立刻變出美味的湯來，我現在就煮給大家喝。」

　　　這時，有人就找了一口大鍋，也有人提來一桶水，並且架上爐子和木柴，就在路邊煮了起來。這個陌生人很小心地把他的魔法石放入滾燙的鍋中，然後用湯匙嘗了一口，很興奮地說：「太美味了，如果再加入一點洋蔥就更好了。」於是，立刻有人回家拿了一堆洋蔥。陌生人又嘗了一口：「太棒了，如果再放些肉片就更香了。」又有一個婦人迅速回家端了一盤肉來。「再有一些蔬菜就完美無缺了。」陌生人又建議道。在陌生人的指揮下，有人拿了鹽，有人拿了醬油，也有人拿了其他材料。當大家一人一碗坐在那裡享用時，他們發現這真是天底下最美味的湯。

這個寓言故事雖然簡單，但卻深刻地向我們說明了團隊合作的重要性。其實，那不過是陌生人在路邊隨手撿到的一顆石子，但只要我們願意，每個人都出一把力，就可以煮出一鍋如此美味的湯。當你貢獻自己的一份力量時，就會看到奇蹟的發生。我們的先輩很早就用各種俗語揭示了團隊合作的重要性。「一個籬笆三根樁，一個好漢三個幫」、「三個臭皮匠，頂個諸葛亮」早就在民間口耳相傳。如今，各種企業也越來越重視起團隊的合作能力來，不少公司在員工招聘時都將其作為一項能力來考察。

　　當然，成功的團隊並不是以壓抑員工的個性為代價成就團隊思維的，相反，成功的團隊十分尊重成員的個性，重視成員的不同想法，真正使每一個成員參與到團隊工作中，風險共擔，利益共享，相互配合，完成團隊工作目標。

　　　索尼公司是世界上的著名企業，它之所以能有今天的成就，與其「家庭式」的管理方法是分不開的。在索尼公司，每一個員工都被視為大家庭的一份子，每個員工都能夠發表自己的獨特觀點，但同時，又強調員工之間要像在一個家庭中生活一樣互相配合、協調。

　　　公司的每一位員工由於受到了充分的尊重，才華得到充分的發揮。因此，他們積極工作並對公司忠誠，使公司獲得了巨大的、可持續的成功。

　　具有團隊思維的管理者，能在不動聲色之中就把職員融入到大環境中，讓他為這個團隊做出自己的貢獻。比如說，新人上班的第一天，主管應該向他介紹部門情況、工作內容，但是不能忘了介紹他的同事，並把他介紹給大家。下班後，團隊的成員一起參加一個小小的聚餐，花錢不多，但一定能收到奇效。這樣可以讓新老員

工」很快地熟悉、融洽起來，為今後的團隊工作打下一個好的基礎。

還記得三個和尚挑水的故事，一個和尚挑水吃，兩個和尚抬水吃，三個和尚沒水吃。不懂得團隊合作，即便人多也沒什麼優勢。一個人沒有團隊思維將難成大事，一個企業沒有團隊思維，將如一盤散沙，一個民族沒有團隊思維將難以強大。因此，要打造具有競爭力的團隊，就必須從培養團隊思維抓起，時刻銘記，集體的利益在自己心中的天平上永遠是最重的。

## ◎ 系統思維：開闊視界，著眼整體

系統思維是一種整體思維方式，它要求人們用系統的眼光，從結構和功能的角度來看待世界。把一切事物都作為一個整體，作為一個系統來加以思考分析，從而獲得對事物整體的認識或找到解決問題的恰當辦法，以實現「整體大於部分的簡單總和」的效應。在現實生活中，不善於運用系統思維進行思考就容易受挫或造成損失，而善於著眼於系統往往容易獲得成功。

　　「酒店大王」希爾頓也是一個善於以「系統思維」方法解決問題的人。有一次，希爾頓在蓋一座酒店的過程中，出現了資金困難，導致工程無法繼續。在苦思良久之後，他突然心生一計，找到那位賣地皮給自己的商人，告知自己沒錢蓋房子了。地產商漫不經心地說：「那就停工吧，等有錢時再蓋。」

　　希爾頓回答：「這我知道。但是，假如不蓋下去，恐怕受損失的不只我一個，說不定你的損失比我的還大。」地產商十分不解。希爾頓接著說：「你知道，自從我買你的地蓋房子以來，周圍的地價已經漲了不少。如果我的房子停工不建，你這些地的價格就會大受影響。如果有人宣傳一下，說我這房子不繼續蓋了，是因為地段不好，準備另遷新址，恐怕你的地皮就更賣不到好價錢了。」

　　地產商問：「那你要怎麼辦？」希爾頓道：「很簡單，你將房子蓋好再賣給我。我當然要給你錢，但不是現在給你，而是從營業後的利潤中分期歸還。」

139

　　雖然地產商非常不情願，但仔細考慮，覺得他說的也有道理，何況，他對希爾頓的經營才能還是很佩服的，相信他早晚會還這筆錢，便答應了他的要求。

　　在許多人眼裡，這根本就是一件完全不可能做到的事，自己買地建房，但是最後出錢建房的卻不是自己，而是賣地給自己的地產商，而且「買」的時候還不給錢，而是從以後的營業利潤中來償還，但是希爾頓做到了。為什麼他能創造這種常人感覺不可思議的奇蹟呢？就在於他妙用了一種系統思維。

　　看待一個企業和考量一幅畫是同樣的道理，要從多個角度去觀察。在有的人看來只是一片綠色的草地，如果用系統思維的方式去觀察它，用全面的、聯繫的意識來看待它，就會得出另一種結論，看到另一番景象。

　　在企業中，我們經常會聽到經理人抱怨：「現在的這些年輕人一點工作意識也沒有，只顧著做自己的事，別人的事情完全不在意。」還有的說：「我們公司的職員更過分，自己的事都做不好，可是下班時間一到，丟下工作就跑，真讓人生氣。」其實，主管們是在抱怨職員看不到整體局勢，只顧自己。

　　職場中人需要系統思維，系統思維能為個人能力開拓出廣闊的馳騁空間。從某種意義上講，一個人的思考方式能夠決定其事業的成敗。同樣一件事，有人做成功了，有人做卻失敗了，究其根源主要就在於他們的思考方式不同，正所謂「成也在人，敗也在人」。對於同一個問題，不同的人會有不同的看法，有時還會有截然相反的看法，這也是由於不同人的思考方式存在著差異。想法決定做法，思想決定行為。只有用系統思維考慮問題的人，才能真正成就一番事業。

　　系統思維是綜觀全局的能力，一般人能夠把握住擺在眼前的態勢就夠了，但要想成為一個優秀的人，一個組織的領導者，就必須

看清事件背後的結構及要素之間的互動關係，同時還得具備主動地「建構」和「解析」的思維能力。在市場經濟的大潮中，唯有練就一雙洞察商潮、洞悉商情的「慧眼」，才能把若隱若現的暗礁、不期而遇的風浪看得清清楚楚，從而把握變幻無窮的市場風雲。這就要求我們用系統思維來看問題，想問題，解決問題。

　　舉個例子來說，作為一名普通職員，能夠做好自己的本職工作就足以讓上級滿意。但是作為領導者，需要用系統思維考慮事情的人就還要考慮企業在運作時的每個環節，是否都厲行節約了？是否以最低的成本去創造最高的效益了？是否有隱藏的生產弊病或者行銷危機？要綜觀全局，統籌兼顧，在事物千絲萬縷的關係中、錯綜複雜的行動中找到問題所在，還得分清輕重緩急，對工作進行適當的排序，並學會防微杜漸，拒絕失誤的發生。

　　系統思維可以說是歷史悠久而又最具創造性的思維方式之一。處理一個問題的過程，也是一個系統處理的過程。在考慮解決某一問題時，不要採取孤立、片面、機械的方式，而要將其當作一個有機的系統來處理。只有這樣，你才能面面俱到，事事成功。

## ◎ 整合思維：統合資源，發揮最大價值

在世界各地的聯繫日益密切，各類資源的共用成為可能的今天，可以利用的資源，尤其是市場資源、實物資源等越來越稀少，這就要求企業的領導者在整合思維的指導下，從最廣闊的空間範圍內組合優質資源來謀求組織的快速發展。是否具備整合思維已經越來越成為衡量一個企業家優秀與否的重要標準。

知名電器製造商美的集團近年來在許多家電企業陷入困境的形勢下，卻在業界一路飆漲：從1997年到2000年的銷售額從32億元躍升至105億元，年平均增長率高達51%，其利潤也在同步增長。它之所以能夠取得如此傲人的業績，很重要的一個祕訣就是善於整合資源。

比如，該集團近年來積極推動國際化步伐，但在海外卻沒有一間廠房，靠的就是巧作整合資源的文章：專門成立了海外設計部，針對產品輸出國的需要設計不同於國內的產品，還透過網上合作等方式利用國外的研發力量，推動銷售網路在地化、銷售人才在地化。在德國、美國和日本已成立了3家分公司，利用當地的銷售網路資源實現低成本運作。同時，聘用美國、義大利、日本等國具有多年家電業工作經驗的退休老闆和高級技術人員以及海外留學人員主管當地的銷售工作。在海外市場，不強求打品牌，什麼有利益就做什麼。正因如此，美的在國際化銷售方面才取得了如此顯著的成效。

可以說，美的之所以能夠成功，一個重要的原因就是善於整合其內外部資源。科技就是生產力，有人指出，整合也是生產力。企業是一組資源的集合體，企業之間的競爭就是圍繞著資源的爭奪與利用來展開的。從某種意義上來說，做企業就是對各種資源的整合。因此，一個企業的領導者，必須具有整合各種資源的能力，掌握整合思維。在激烈的市場競爭中，善於整合內外部資源，這是企業能夠加快發展的必經之路，也是一種投資少、見效快的關鍵措施。

　　20世紀70年代初期，耐吉公司在短短的十年內便一躍成為美國最大的鞋業公司。到80年代中期，耐吉公司的年營業額已超過37億美元，佔美國運動鞋市場的一半以上。到1992年，耐吉公司的年銷售額已達到100多億美元，成為一家傲視群雄的世界級企業。這些成就不得不將很大一部分功勞歸功於耐吉公司的總裁菲爾·耐吉身上。

　　他是一個富有開拓進取精神的現代型商人，最大的特點就是勇於發想、勇於開拓和永不滿足。菲爾·耐吉在生產上採取了一種向外部借力的虛擬化策略，這也是耐吉公司虛擬生產的實質所在。所謂虛擬生產，其實是一種形象化的稱謂。它的本質就是向外部借力，透過整合外在資源，使其為我所用，從而拓展自身的疆域，利用外部的能力和優勢來彌補自身的不足和劣勢。

　　具體來說，就是自己不投資建設生產設備，不裝配生產線。那麼，耐吉的產品是如何生產出來的呢？實際上，耐吉公司的所有產品都不是自己生產製造的，而是全部外包給其他生產廠家加工製造出來。耐吉公司的這一妙招，不僅節約了大量的生產基礎建設投資、設備購置費用以及人工費用，還充分發揮了其他生產能力強的廠家的能力，

尤其它一般都是將產品的生產加工業務外包給東南亞等地的許多開發中國家，這些地區的勞動力成本極其低廉，從而為耐吉公司節約了大量的人工費用，這也是耐吉運動鞋之所以能以較低的價格與其他名牌產品競爭的一個重要原因。

耐吉公司將設計圖紙交由生產廠家，讓它們嚴格按圖紙式樣進行生產，並保證相應的品質，而後，耐吉公司再將自己的品牌和商標賦予在這些產品身上，並將產品交給自己公司的行銷人員，透過公司的行銷網路將產品銷售出去。

我們不可否認，「整合思維」已經被當今社會提升到了一個相當重要的高度。如果對當代各行各業的最新舉措、最新動向做一個調查，可以發現大量關於整合的資料。如果再接著對所有成功的商業活動進行深入分析，也可以發現其背後均閃現著「整合」二字。甚至有人說：「一個整合時代即將來臨」。

在當代社會，整合思維越來越制約著個人和企業的工作方式。個人的成功越來越需要對自己的知識、能力及資源進行整合，並不只是單純依靠所掌握知識的多少。一個僅接受較少教育的個人，如果能對自身資源、外在資源及個人能力之間進行有效整合，也有可能比那些雖然接受過高等教育，但卻沒有整合思維能力的人取得更大的成功。對學生而言，學習成績的好壞，關鍵是能否對學到的知識進行整合。對企業家來說，一個有整合思維能力的企業家可以透過有效而持續的整合行為，達到對各種資源的有效配置，進而提升營運效率，取得市場優勢。

企業對資源的整合，其本質就是企業不斷學習的過程，企業透過不斷的學習，可以不斷地創造新的知識和技能，不斷地累積經驗，以替代現有或落後的資源，最終達到可持續發展的目的。所

以，面向未來的企業，不僅要利用好現有資源，還必須不斷地儲存可持續發展的資源，只有不斷地把各種資源加以有效整合，才能使企業有可持續發展的空間和希望。

# ◎ 領袖思維：帶領團隊走向勝利

　　西方國家有一句諺語：「一隻獅子領著一群羊，勝過一隻羊領著一群獅子。」領袖是團隊至關重要的人物，如果失去了領袖，一個團隊的人員能力再強，也會由於缺少一個共同的信仰和共同的核心價值觀而沒有什麼大的作為，最終會被其他的競爭對手擊敗。

　　在現代企業激烈的競爭中，有人說，領袖思想的高度決定了一個企業最終的發展高度。事實的確如此，企業文化是企業的靈魂和精神支柱，而其精髓恰恰是領導者的領袖思維。領袖思維，因為無形，所以無價。它跟企業的其他財產一起，組成了企業發展的命脈。它是凝聚員工的一筆不可複製的寶貴財富，更是企業生存和發展的關鍵。

　　那麼，領袖思維具體表現在哪能些方面呢？

　　一是要有積極進取、富有冒險的精神，當然這個冒險通常是基於理性分析與判斷的冒險。

　　二是具有很強的市場預見能力，能透過獨特的視角來挖掘市場機會，能敏銳地捕捉商機，並使之最終轉化為市場需求。

　　三是能進行充分的資源分析與資源整合。具備這種能力的企業家無論是在對企業外部上下游的資源整合與關係建立，還是內部流暢的生產供應體系方面，都有超人的控制能力，因而常常在企業的快速發展中展現強勢的領導力。

　　四是善於學習，能不斷總結經驗教訓，注意觀察並汲取其他競爭者的經驗教訓。

　　五是創新精神。不少企業透過持續創新來改進商業模式，一些優秀的企業更是持之以恆地研發創新，形成核心競爭力。為此，大

多數有作為的企業家都表現出強烈的變革創新的意識。

　　具備這些思考問題、解決問題的意識和能力，才能算是個合格的企業家，一個值得信賴的領導人，一個能帶領團隊走向勝利的人。

　　有了這種不凡的領袖思維，所有的員工都會被他感動，為之改變。眾人會被激發出向心力，集中全力，推動企業不斷發展擴大。以微軟為例，微軟的發展壯大，就離不開比爾・蓋茲的領袖思維。

　　比爾・蓋茲在創業初期時，為了解決一個難題，經常和員工一起睡在辦公室裡，一直到問題妥善解決。員工們經常會發現他蓬頭垢面，其實，蓋茲不是不愛乾淨，而是他沒有時間顧及這些瑣碎的小事，因為他要把所有的精力都投入到公司的營運上。這就是一種領袖精神，它能感化所有的人，讓所有人有動力為他工作。

　　隨著經濟的快速發展，管理理念的不斷更新，企業家已不再是單純意義上的企業舵手，更是企業創新精神的象徵。摩托羅拉公司對高爾文「摩托羅拉大家庭」理念的繼承，戴爾公司對戴爾「效率至上」原則的推崇，都證明了企業領袖思維的重要性。在當代社會，領導者承擔著越來越多的角色：商業潮流的引領者、商業規則的制定者、商業道德的護衛者、企業文化的傳導者、企業矛盾的協調者。在這種情況下，企業家的影響力已不再是單向的下壓力，而應該是向四面八方的滲透力。

　　當代商海跌宕起伏，不缺商人和老闆，缺的是有能力、有擔當的領袖型企業家。真正的企業家必須具有一種企業領袖精神，它是一種素質的集合，包括了才智、氣度、眼界、胸襟、行動力、凝聚力、責任心、使命感和社會良知等。在日新月異的商業文化時代，這種企業領袖精神顯得尤為重要。

　　　　有一位在美國很有名的富翁叫佩尼，他是一個農民的
　　兒子，生活非常節儉。佩尼居住在紐約，但他卻經常把車

停在紐約河的對面,因為那裡的停車場收費只有十美分。他的下屬與他在餐廳進餐後,經常要檢查他所付的小費,在太少的時候補上一點。

經過常年默默的努力耕耘,佩尼終於有了1000家連鎖店,他的個人財富也積聚到了4000萬美元。當時的佩尼,個人擁有基金會,並且還擁有了29家私人牧場和各種房地產及銀行。很不幸的是,就在美國經濟大蕭條的前夕,佩尼決定讓公司上市,就在上市後的第六天,美國歷史上著名的經濟大蕭條開始了。佩尼公司的股價從120美元跌到十幾美元。就在佩尼處於破產邊緣時,佩尼擁有的銀行也發生了擠兌,銀行儲戶指責佩尼見死不救,把他告上了法庭,結果佩尼被判敗訴,他破產了。

他在56歲時,開始拿過去他所締造的公司發給他的薪水生活,直到上世紀60年代,憑藉過去三個朋友的貸款,佩尼買回了公司的股份,開始了他的再次創業,並且再次贏得了成功和尊敬。

真正的企業領袖,擁有領袖思維的就是這樣的人,即便遇到挫折,也會默默耕耘,繼續努力,不會讓自己的員工失望,也不會讓自己失望。

從無到有、從小到大的艱辛過程,是企業家錘鍊意志、提升境界、累積經驗及培養能力的過程,是普通領導人向領袖型企業家轉變的關鍵一步。對於不斷要求上進的人來說,注重塑造領袖精神,培養領袖思維,遠比累積財富更重要。財富的得或失都是在一瞬間的事情,但領袖思維卻是可以長期受用的發展資本,是一個人、一個企業可以受益終生的永久財富。

## ◎ 激勵思維：鼓勵夥伴一起努力

很多管理者都會思考這樣的問題：怎樣才能使員工安心踏實地做好自己的本職工作，最有效的辦法是什麼？我們先一起來看看下面這個案例：

林肯電氣公司是一家主要生產弧焊設備和輔助材料的美國公司，它的年銷售額為44億美元，擁有2400名員工，並且形成了一套獨特的激勵員工的方法。

林肯電氣公司的生產工人按件計酬，他們沒有最低時薪。員工在公司工作滿兩年後，便可以分享年終獎金。該公司的獎金制度有一整套計算公式，全面考慮了公司的毛利、員工的生產率與業績，可以說是美國製造業中對工人最有利的獎金制度。在過去的幾十年中，平均獎金額是基本工資的95·5%，該公司有相當一部分員工的年收入超過十萬美元。近幾年經濟發展迅速，員工的年平均收入為44000美元左右，遠遠超出了製造業員工年收入17000美元的平均水準。

公司自1958年開始一直推行職業保障政策，從那時起，他們沒有辭退過一名員工。當然，作為對此政策的回報，員工也相應要做到以下幾點：在經濟蕭條時，他們必須接受減少工作時間的決定，要接受工作調換的決定；有時甚至為了維持每週30小時的最低工作量，而不得不調整到一個報酬更低的崗位上。

林肯電氣公司極具成本和生產率意識，如果工人生產

149

出一個不合標準的零件，那麼除非將這個零件修改至符合標準，否則這件產品就不能計入該工人的工資中。嚴格的計件制度和高度競爭性的績效評估系統，形成了一種很有壓力的氛圍，有些工人還因此產生了一定的焦慮感，但這種壓力有利於生產率的提高。

據該公司的一位管理者估計，與國內競爭對手相比，林肯電氣公司的總體生產率是他們的兩倍。自30年代經濟大蕭條以後，公司年年獲利豐厚，沒有缺過一次分紅，該公司還是美國工業界中工人流動率最低的公司之一。前不久，該公司的兩個分廠曾被《財富》雜誌評為「全美十佳管理企業」。

得到答案了嗎？為何這家公司能夠常年保持較低的人員流動率，為何這家公司能夠成為明星管理企業？歸結一點，就是因為此公司建立了一套完整並且健全的員工激勵體制。

可以說，作為企業的領導者，所有和他一起為了企業的明天而奮鬥的人都是他的合作夥伴。除了企業的合夥人，對企業家而言最重要的就是公司裡的員工，尤其是核心成員。所以，企業之間的競爭從某種程度上來說就是優秀職員的競爭。

當然，不僅僅是領導者懂得這一點，優秀員工本身也深諳此道，因此，有很多企業面臨著這樣的困惑：自己企業培養的優秀員工，做了不久之後就會跳槽到其他的企業裡面謀求高職。自己出了時間，花了金錢讓員工獲得了工作技巧、實戰經驗，反倒為別人作嫁。

那麼，該如何留住員工，尤其是優秀員工，讓他們和自己一起為了企業而努力奮鬥呢？「激勵思維」應運而生。

米契爾·拉伯福在他的《世界上最偉大的管理原則》一書中闡述了企業對成員管理的「拉伯福法則」。

拉伯福起初是一個工廠工人，後來成為一名管理專家。在長期的管理實踐中，他一直困惑於一種現象：許多企業不知存在什麼問題，無論管理者如何付出，企業的效率始終無法提高，員工、部屬還是無精打采，整個企業就像一台生鏽的機器，運轉起來特別費力。

於是，拉伯福在管理實踐中反覆思索，終於發現了管理者行為與目標相背離的盲點：你越獎勵的行為，這種行為就會越多，但你卻得不到你所希望、要求的目標，得到的僅僅是你所獎勵的行為。原因是在大多數情況下，人們只會做對他們最有利的事情，而不會去做他所害怕受到處罰的事情。因此，他終於領悟出了一條最簡單、最明白，也是最偉大的管理原則：員工會去做受到獎勵的事情。

所以，企業領導層、管理層的人就必須要掌握並運用好「激勵思維」。首先，要為員工創造能發揮潛力的環境，讓他們從事富有挑戰性的工作。富有挑戰性的工作一方面可以保持公司的技術領先性，另一方面也能使員工得到鍛鍊，增強公司的凝聚力。

總之，「激勵思維」是一個成熟的、成功的領導人應具備的用人之道，不要吝嗇對自己員工的鼓勵或褒獎，這可以促使這些工作夥伴和你一起為公司的未來奮鬥。

## ◎ 借勢思維：好風憑力上青雲

「草船借箭」的故事我們並不陌生。孫劉聯軍為對抗曹操駐軍赤壁，諸葛亮領軍令狀要在三天之內造十萬支箭。看起來這是個不可能完成的任務，但諸葛亮在第三天利用紮滿稻草人的船迷惑曹軍，曹軍放箭抵禦，算是把箭「借」給了諸葛亮。這招借力的方法實在讓人大開眼界，同時也讓人們對諸葛亮的「借勢思維」欽佩不已。古代戰場需要借力使力，在現代社會要想獲得成功，同樣需要這種「借勢思維」。

做事情要懂得如何借助外力來擴張自己的實力，因為並非每個人都有豐富的資本，和別人比起來，自己的資歷也許是微不足道的，這時的你就要善於「借」，要根據自己所處的環境與情勢，做出明智的選擇。做一個有心機的人，善於借別人的力量，讓自己獲得最大的收益，這樣才算是一個真正的成功者。可以說，所有的成大事者都有一個特點就是善於借力，去營造成功的局勢，從而能把一件件很難完成的事辦成，實現自己的人生規劃。大學者阿基米德如是說：「給我一個支點，我就能撐起地球。」說的就是借力的重要性。

米歇爾是一位青年演員，剛剛在電視上嶄露頭角。他英俊瀟灑，很有天賦，演技也很好，由初入行扮演小配角，現在已成為主要演員。為了進一步提高知名度，他需要有人為他進行包裝和宣傳。因此，他需要有廣告公司為他在各種報紙雜誌上刊登照片和有關他的文章。不過，米歇爾拿不出那麼多錢來。

偶然的一次機會裡，他遇上了莉莎。莉莎曾經在紐約一家很有名的公關公司工作很多年，她不僅熟知業務，而且也有較好的人脈資源。幾個月前，她自己開辦了一家公關公司，並最終希望能夠打入非常有利可圖的公共娛樂領域。但到目前為止，由於她的名氣不夠大，一些比較出名的演員、歌手都不太相信她，不願與她合作，她的生意主要還只是靠一些小案件維持。

　　而米歇爾卻很看重莉莎的能力和人脈資源，不久，他們便簽訂了合同，莉莎成了米歇爾的經紀人。他們的合作達到了最佳境界，米歇爾是一名英俊的演員，並正在電視劇中頻繁出鏡，莉莎便讓一些較有影響的報紙和雜誌把眼光集中在他身上。這樣一來，她自己也變得出名了，並很快能為一些有名望的人提供社交娛樂服務，他們付給她很高的報酬。而米歇爾不僅不必為提高自己的知名度花大筆金錢，而且隨著名聲的增長，也使自己在演員生涯裡處於一種更有利的地位。

　　「君子生非異也，善假於物也」是《荀子》裡的一句話，意思是說君子的本性跟一般人沒什麼不同，只是善於借助外物罷了。但凡有大作為的人，他的成功往往不是憑一己之力達成的，而是借助其他人的力量，或者與其他人合作而完成。當今社會，競爭如此激烈，我們更應在自己的能力之上，學會善假於物，從而百尺竿頭，更進一步，讓自己脫穎而出。

　　中國有句成語叫「四兩撥千斤」，很多時候被用在武俠小說裡作為一招很厲害的武功招式，雖然不用多大力氣，靠借力打力也能給敵人沉重的一擊。畢竟，一個人哪怕再優秀，也有力不從心的時候。如果只靠一己蠻力，而不知利用別人的智慧，那麼他也很難獲得成功。就如知識不僅要透過學習來獲得，還需要透過人與人之間

的溝通、交流來不斷增加或者更新那樣。一個人不僅要善於學習，還要善於向他人請教，借用別人的智慧。「三人行，必有我師焉。擇其善者而從之，其不善者而改之」說的就是這個道理。

「當沒有能力買鞋子時，可以借別人的，這樣比赤腳走得快。」這句話說明一切都是可以靠借的，借資金，借技術，借人才。因為這個世界早已為你準備好了一切需要的資源，你所要做的僅僅是把它們集中起來，並用智慧把它們有機地組合起來。

因此，做人一定要懂得「借智」。一個人要想成功，向別人請教也是必要的，那麼，怎樣才能讓別人說出自己的妙策，幫助獲得成功呢？就得不失時機地向別人「借」，凡事謙虛謹慎，更多地與他人交流，擁有一個開放的心態，讓自己最大限度地接觸他人，這樣才能最大限度地獲得幫助，最大限度地瞭解他人的經驗教訓，從而有利於自己事業的成功。

荀子說過一段話，用現代的話來說就是那些借助於車馬的人，並非有能走得很遠的雙腳，但卻可以到達千里之外；那些借助於舟楫的人，並不是非常善於游泳，但卻可以渡過長江大河；那些有才能的人，並非天生與常人有什麼不同，只不過善於借助外物罷了。

## 分享思維：和別人分享美好，杜絕自私

有這樣一則寓言故事：

　　有一位虔誠的教徒，很期望自己能夠過著幸福的生活，於是他費盡千辛萬苦去尋找先知，希望先知能夠指點自己怎樣才能永遠生活在幸福裡。

　　最後，他終於找到了先知。這位教徒詢問先知說：「請先知告訴我，天堂和地獄的生活是什麼樣子的？哪裡是天堂，哪裡是地獄？」

　　先知並沒有馬上回答他，而是說：「你跟我來！」

　　教徒跟著先知，進入了一條又長又黑的通道，過了許久，眼前一下子明亮起來，展現在眼前的是一個寬敞的大廳。在大廳的中央架著一口大鍋，鍋裡放著一根很大的勺子，鍋裡盛滿了香噴噴的濃湯，底下燒著大火。大廳裡擠滿了各式各樣的人，有的人衣衫襤褸，有的人珠光寶氣，有的人顧影自憐，有的人趾高氣揚。整個大廳中散發著濃烈的湯的香氣。大鍋的周圍擠滿了人，但他們個個兩腮凹陷，顴骨凸出，帶著饑餓的凶光，都希望能夠喝到鐵鍋裡的濃湯。

　　他們都在搶奪那僅有的盛湯的大勺子，但那勺子太長太重，饑餓的人們貪婪地握住勺柄，拚命用勺子在鍋裡攪著，但誰也無法用勺子把湯盛出來，即使是最強壯的人用勺子盛出來，也無法把湯靠近嘴邊喝下。漸漸地，人們逐漸喪失了信心，有些魯莽的傢伙不僅燙傷了自己的手和

臉，還把湯水濺到旁邊的人身上。於是大家爭吵起來，人們揮舞著長勺子大打出手。大廳裡充滿了怒罵、尖叫以及大聲哭喊的聲音。先知對那位教徒說：「這就是地獄。」

他們再也不忍受不了大廳裡惡魔般的喊聲，匆匆地離開了。

教徒跟在先知身後，又進入一條又長又黑的通道，過了許久，眼前又出現一間大廳。這裡的設施和之前的大廳一模一樣，大廳中央同樣放著一大鍋熱湯，鍋裡放著一根大勺子，這裡的勺子同樣又長又重，但不同的是，這裡的人個個精神飽滿，臉色紅潤，很明顯，這裡的人營養狀況都很好。大廳裡能聽到勺子放入湯中以及人們溫和交談的聲音。這裡的人總是兩人一起努力，其中兩人用勺子從鍋裡把湯舀出來，遞給第三個人喝。如果拿湯勺的人覺得累了，另外的人就過來幫忙。當一個人喝飽了，就換另一個人，每個人都能喝上美味可口的濃湯，人人臉上都洋溢著快樂和知足的神情。

先知對這個教徒說：「看，這就是天堂。」

天堂和地獄之間的差別並不在於周圍的客觀環境存在多大差異，而是在於人和人之間能否和平共處，能否共享美好的事物。那些心胸狹隘的自私鬼，因為自私、貪婪，並不懂得分享的美好。他們揮舞大勺和其他的自私鬼們為了各自的利益相互爭鬥，但是，他們誰也喝不到湯，只能永遠待在地獄中，忍受饑餓的煎熬。

自私的人對自己的東西格外「珍惜」，他們覺得只有自己的東西才是來之不易的，要想讓他們付出哪怕是一點點，他們都會覺得難以忍受。他們根本體會不到分享的快樂，別人從自私者的身上得到的只是不愉快的感覺。

自私者不可能和別人建立親密的關係，自私只會讓他們成為事

業失敗者。當今社會，不合作就不可能取得較大的成功，人們單憑自己一個人的努力無法創造偉業。你必須懂得合作，和大家分享合作的快樂和成果，共擔事業的成敗。

不知大家是否聽說過「蛋糕理論」：就一個已經生產出來的蛋糕而言，必然是資本家分得愈多，工人分得愈少；反之，工人分得愈多，資本家分得愈少，這是任何人都無法改變的。然而，這個定量蛋糕的分配能夠引起生產下一個蛋糕時，其量的變化。資本家在反覆的實踐中已經明白，如果在現有蛋糕的分配上，他分得太多，工人分得太少，就會因此挫傷工人的生產積極性，下一個蛋糕可能生產得更小。相反地，如果他這次分得相對少些，給工人分得相對多些，由於刺激了工人的生產積極性，下一次蛋糕有可能生產得更大，分到的也會更多。人們從自私者的身上看到的只有刻薄、吝嗇、卑鄙、無恥等令人唾棄的東西，不但他們的家人、朋友、同事會以此為恥，而自私者個人更應該以此為恥。毫不客氣地說，自私是萬惡的根源，不要以為自私就能給自己帶來利益，自私帶給你的只有孤立，這樣的生活是充滿悲哀的。

就如剛才所說的，自私是人的天性，再偉大的人也會有那麼一點點的自私，但是，他們與普通人不同的是，他們善於克服自己的這一人性的弱點，至少能夠表現出比別人少一點的自私自利。這也是為什麼他們在成功的路上左右逢源，廣受歡迎，能夠沿著成功的道路一直走下去的原因。

也許，我們大多數人從小就被灌輸「不是你贏我輸，就是我贏你輸」這樣的輸贏思想，可是，我們現在要知道的是「你贏我贏」這樣一種共贏方式。

舉個例子，你有一片肥沃的土地，可是種子的品質低劣，農作物長不好。而我有很好的大麥種子，但就是土地貧瘠，這樣的話，農作物同樣長不好，儘管我們都想比對方得到更多的市場回報，但是，如果我們只是相互嘲笑，彼此敵對的話，都不可能得到豐收的

果實。相反地，如果你的土地加上我的麥種，我們一起合作，就會帶來豐厚的回報。不僅如此，在合作過程中，我們還能體會到創造財富的樂趣以及相互合作所建立的友誼帶來的快樂。

不僅僅是種田這樣簡單的事情，從整個世界的各個層面來講，共贏帶來的好處都是顯而易見的。共贏不僅僅展現在商業活動中，更表現在我們的日常生活中，比如與朋友、親人間的相處，共贏的思維更能使我們受益匪淺。要知道，如朋友的友誼、愛人的親密關係等帶來的令人愉悅的感受是多少金錢都買不回來的。

俗話說：「贈人玫瑰，手有餘香」。當你施福於他人的時候，不僅你會感受到施與的樂趣，你給別人帶來的快樂，必然也會使自己深受感染，享受更大的快樂。而這一點，是心胸狹隘的自私者們所體會不到的，因為他們太看重自己了，以「自利」蒙蔽心志，不會體會到分享的快樂是世界上最偉大的感覺之一。

努力去做一點利他的事情吧，只有做過了，你才能真正體會到這種樂趣，到時候，你就會自動自發地愛上這種行為。那時候，你會從一個自私鬼變成一個心胸寬廣的人，你的事業、你的家庭，乃至你的交際，都會在你人生中綻放耀眼的光芒。

## ◎ 借鑒思維：要善於聽取別人的意見

俗話說：「良藥苦口利於病，忠言逆耳利於行」。虛心聽取別人的意見總是對自己有幫助的，因為僅僅是相信自己，也是不夠的，我們還應當相信別人，多聽取他人的意見。畢竟，金無足赤，人無完人。人生之路如此漫長，沒有誰能保證自己完美無缺，不犯錯誤，總會遇到一些小挫折、小打擊，但只要及時發現並改正，那你就可以做到盡量完美。這個時候，光靠自信是遠遠不夠的，必須多聽取別人的意見，汲取別人的經驗教訓，這樣才能更好地克服重重困難。

在羅斯福任美國總統期間，當他去打獵時，他會去請教一位獵人，而不是去請教身邊的政治家。反之，當他討論政治問題時，他也絕不會去和獵人商議。

據說有一次，他和一位牧場工頭外出打獵，他看見迎面而來一群野鴨，便追過去，舉起槍準備射擊，但這時工頭早已看見不遠處還躲著一頭獅子，忙舉手示意羅斯福不要動，羅斯福眼看野鴨快要到手，於是對工頭的示意沒有理睬。結果，獅子聽到槍聲後跳了出來，竄到別處去了。等到羅斯福瞧見，再急忙把槍口移向獅子時，已經來不及開槍，只好眼睜睜地看著牠逃跑。工頭瞪著眼睛，向他大發脾氣，罵他是個傻瓜、冒失鬼，最後還說：「當我舉手示意的時候，就是叫你不要動，你連這點規矩也不懂嗎？」

面對牧場工頭的責罵，羅斯福竟然「逆來順受」，

並且之後也毫不懷疑地處處服從對方的指令，好像小學生對待老師一般。他深知，在打獵問題上，對方確實技高一籌，因此，對方的指教於他的確是有益處的。

聽取別人意見，請教別人，不能在乎對方的身分高低，要對事不對人，只要是好的意見，我們都要虛心接受。古語說得好：「兼聽則明，偏聽則暗。」孔子所說的就是這個道理。如果唐太宗沒有聽取魏徵的諫言，怎麼可能出現「貞觀之治」的繁盛景象；如果達文西沒有聽取老師的批評和建議，怎麼可能成為世界著名畫家……所以，我們也要注意聽取他人的意見，這樣才能使自己永立不敗之地。

在一次會議上，比爾·蓋茲受到指責，一名技術員指出公司開發的網路瀏覽器滯後。蓋茲略作沉吟，全然自責，並向與會者誠懇道歉，此舉也宣告了微軟經營方向的轉型。

蓋茲後來談起這件事時說：「我不想在面子問題上浪費時間，那是沒有意義的。特權會使人腐化，但我想保持前進的動力。」

從當年的毛頭小夥子一躍而為世界首富，這樣的成功並沒有塞住蓋茲的耳朵，虛心聽取他人的意見，可以說是他成功的重要原因。

1881年，喬治·伊士曼創建了柯達公司。他深知沒有員工的支持，任何企業都無法發展擴大的道理。因此他常常思考一個問題：如何讓員工們行動起來，與企業共同進步。

1889年的一天，伊士曼收到一個工人寫給他的建議書。這份建議書內容不多，字跡也不優美，卻讓他眼睛一亮——這個工人建議生產部門將玻璃擦乾淨。對於這樣的問題，在伊士曼看來，是小的不能再小的一件事了。然而，這次伊士曼卻看出了其中的意義——這正是員工積極性的表現。

　　喬治·伊士曼立即召開表彰大會，發給這名工人豐厚的獎金，「柯達建議制度」也就應運而生。

　　在柯達公司的走廊裡，每個員工都能隨手取到建議表。投入任何一個信箱，建議表都能送到專職的「建議祕書」那裡。專職祕書負責及時將建議送到有關部門審議，並做出評鑒。公司裡設有專門委員會，負責建議的審核、批准以及獎勵。此外，建議者還可以隨時撥打電話詢問建議的下落。

　　100多年過去了，柯達公司員工提出的建議近200萬個，其中被公司採納的超過60萬個。現在，柯達公司員工因提出建議而得到的獎金，每年都在150萬美元以上。

　　「柯達建議獎勵制度」在降低新產品成本核算、提高產品品質、改進製造方法和保障生產安全等方面起了很大的作用，而且員工提出建議，即使未被採納，也會達到兩個目的：一是使管理人員瞭解到員工在想什麼；二是當建議者得知自己的建議得到重視時，會產生滿足感，工作會更加努力。

　　現在柯達員工已有數萬人，公司業務遍及世界各地，專業人士評價說：「沒有『柯達建議制度』，就沒有今天的柯達。」

當然，聽取別人的意見並不代表不相信自己。相信自己是成功

的前提，聽取別人的意見也是走向成功必不可少的條件。一個人如果能經常聽取別人的意見，會使自己增長很多的見識，讓自己少走很多的彎路，從而贏得更多的時間去追求完美，更好地走向成功。

也許有人會認為，既相信自己又聽取別人的意見，那不是自相矛盾嗎？其實不然，相信自己與聽取別人的意見是辯證統一的關係。我們這裡說的「相信自己」並不是指不切實際地誇大自己的力量，而是站在事實的基礎上相信自己，那才是正確的相信自己。同樣，「聽取別人的意見」不是指一味地盲從，不加選擇地聽取別人的意見，也不是人云亦云，而是擇其善者而從之。

所以說，我們遇事要多與他人商量，要善於聽取他人的意見。做到這些，你才能和他人更好地合作，而不會因為一意孤行而使自己的發展受到限制。

# 第 **5** 章

# 讓財富得到倍增的
# 10個關鍵思維

　　同樣是公司的普通白領，同樣地辛勤工作，賺的錢也都差不多，為什麼有些人幾年過後就能擁有自己的房、車，甚至自己的企業；而有些人卻還停留在自己的位置，辛苦地工作？一個有智慧的人，不僅應當知道如何透過自己的努力賺錢，還應當知道如何才能讓自己的財富成倍增加。本章的十個思維就是告訴你如何讓自己的財富倍增。

## ◎ 過冬思維：提前準備好過冬的糧食

　　你為自己準備好過冬的糧食了嗎？一場金融危機，讓世界人民都感受到了冬天的寒冷。有人說，現在不僅是冬天來了，而且還是「零下20度的冬天」。為什麼很多中國企業會覺得這個冬天特別冷、特別難熬？原因當然是多方面的，但從根本上考察，最本質的原因是盲目的樂觀思維，使企業缺乏憂患意識和風險管理觀念。

　　有了糧草，企業不僅能安然「過冬」，甚至能為下一個機會的來臨做好充分的準備。在春天待得久了，讓我們許多人完全忘記了還有冬天這個季節的存在。很多企業和個人都習慣了在繁榮時期的思維和行動，各種決策都受「繁榮思維」影響，他們從未想過在經濟的繁榮中準備過冬的糧食。

　　事實上，大自然有節氣，經濟也有其週期。春種夏理，秋收冬藏，這是人類適應自然的結果。這場金融危機給我們普通人的教訓就是，不管在哪個季節，都要為自己留出足夠的過冬糧食。

　　人如果平平安安，自然是莫大的幸福，但人生變幻莫測，在積極的人生中還應考慮「最壞的可能」。現實生活告訴我們，人生難免有冬季：中年離職，生意破產，孩子不讀書，家庭破裂，生病或者遭遇車禍等等，這些都是不知何時就會到來的冬天。人生美滿與否，有雙重準備總不會錯；人生或悲或喜，卻在於是否有雙重準備，因為積極的人生需要未雨綢繆。

　　美國勞動部提供了一份資料：同為25歲的100人；40年後，1人富裕，4人經濟獨立，5人繼續工作，12人破產，29人死去，49人靠退休金、社會福利或朋友。在100人中，只有幾個經濟獨立，他們的共同特徵是都在年輕時做過詳盡的理財規劃。那麼，你打算成為100

人中的哪類人呢？不妨問問自己如下幾個問題：

你打算如何結婚購屋？你打算如何處理可能的疾病風險？（常見重大疾病的治療費接近30萬）你打算為老年生活準備多少退休金呢？（退休金至少是年薪的十倍）你打算為子女提供怎樣的教育？（國內大學至少數十萬；美國、英國大學100萬）你打算如何奉養父母？（四個老人，至少40萬）很多人都沒有這些規劃，以至於在冬天到來時一籌莫展。孩子讀書需要錢了，才發現自己沒有預留足夠的教育基金，這樣的父母是不合格的；父母生病住院時，卻拿不出足夠的錢來給他們做最好的治療，這樣的子女是失敗的。而這些「抗災費」怎麼來？都需要我們在繁榮時期一點一點存出來。畢竟，什麼都可以不準備，過冬的糧食卻是不能不準備的，因為我們不會一直待在春天的繁華裡面。

有一個商人，他在迪拜開了一間批發商店，在當地很有名氣，許多東歐客商都從他那裡進貨。而且他財大氣粗，基本上都是放賬給他們，即貨可以先拿走，錢可以在3～5個月內付清。因為他的名氣，當地的銀行也給他許多支持，給他許多信用額度，也就是說他只要在銀行有十萬美元的存款，銀行便可以給他開出100萬美元的信用證明。

但他毫無徵兆地破產了。他把貨發給了一個捷克商人，但是捷克商人突然出事，錢都沒有回賬。而這個迪拜商人用銀行的信用額度買了800多萬美元的貨，大都被捷克商人拿去，錢卻沒有回來。而他連一點應急的流動資金都沒有準備，無奈之下只能宣布破產。

而破產之後，他的生活更加艱難。他把全部家當都投資在自己的生意上，平時也沒有拿出部分錢給家裡，連保險都沒有買一份。生意失敗後，他的衣食住行都成了問題。在英國留學的兒子也因此只能輟學打工，養家活口。

　　這就是一個不給自己留過冬糧的典型悲劇。

　　狡兔有三窟，冬眠的松鼠會蒐集上萬顆乾果作乾糧，成功的人也都知道為自己留條後路，備好過冬糧食。「過冬的糧食」就是我們為突發的，對自己和家庭影響比較大的事件而留出的備用金。我們都無法知道自己什麼時候會碰到意外，疾病什麼時候會降臨到我們身上。所以，我們需要在有能力、意外發生之前，為自己準備好這筆急用的現金，備好充足的過冬糧食。

## ◎ 投資思維：不讓金錢躺在銀行不動

　　掙錢指是人們憑自己的努力工作來獲取收入，而賺錢則大多指人們憑自己的資本來獲取收入，即讓錢生錢。可以說，只有懂得如何讓錢生錢，才能讓自己真正地獲得財富自由。

　　在很長一段時間裡，國人掙錢的目的只有兩個，一個目的是維持生計，另外一個目的是儲蓄。在計劃經濟的年代，省錢是每家每戶的目標，普通工人在省錢，高所得的演員、知識分子、公務員也在省錢。他們的區別只是省下來的錢有多少，但省下的錢做什麼？無一例外，全部儲蓄。

　　大多數靠上班掙錢的人，從不敢奢望進行任何形式的投資。經濟緊張時，他們只會更加努力地工作。可是，每天的時間有限，工作時間越長，你能用以學習、思考和提升自己能力的時間就越少。大多數人都意識不到，光靠辛苦工作是很難發財的。

　　富蘭克林在他那近乎經典的文章中告訴人們：「要記住，金錢具有孳生繁衍性。金錢可以產生金錢，其利息可以再生更多的利息。如此下去，五先令一變就是六先令，再變成七先令三便士……一直變成一百英鎊。錢數越多，每次轉變所產生的錢也越多，這樣利潤的增長也就越來越快。誰要是殺掉一隻育齡母豬，誰就毀掉了牠數以千計的後代。誰要是毀掉了一個克朗，也就是毀掉了它可能產生的一切，甚至可達無數英鎊。」

　　因此說，要善用你的財富。如果讓錢躺在銀行帳戶上，那錢就永遠只是個數字。

　　有些人因為善用投資而使得自己的財富迅速增值，吉姆‧羅傑斯就是其中最為著名的一位。羅傑斯的名字，對中國人來說並不

陌生。他在短短十年間賺到足夠一生花用的財富，被股神巴菲特譽為「對市場變化的掌握無人能及的趨勢家」，他是一個兩度環遊世界，一次騎車、一次開車的夢想家。

　　吉姆‧羅傑斯21歲開始接觸投資，那時他的口袋中只有600美元。但是經過一系列投資，使得這600美元不斷增值，16年之後，也就是37歲時，羅傑斯決定退休，因為他已經賺到了一生都花不完的財富。羅傑斯與索羅斯共創了全球聞名的量子基金，70年代，該基金成長超過4000％，同期間標準普爾500股價指數才成長不到50％——吉姆‧羅傑斯的投資才能已得到數字證明。

　　從口袋只有600美元的投資門外漢，到37歲決定退休時身價不菲的世界級投資大師，吉姆‧羅傑斯用自己的故事證明，投資是致富的重要途徑。

　　對於個人或家庭來說，投資理財的根本目的是使自己的財產保值增值。我們提倡科學理財，就是要善用錢財，使自己的財務狀況處於最佳狀態，滿足各層次的需求，從而擁有幸福的人生。

　　一個人之所以能致富，可以說，有一定的運氣成分，但更多的還是因為他的投資意識和對機遇的把握。遇到同樣的機會，有些人變得富有了，有些人則依然貧窮。這都是由於投資意識和觀念上的差距造成日後財富上的巨大差異。

　　投資相當於管理一門生意，需要認真打理。在以前，如果兩個人的收入差不多，那麼其生活水準和品質也就差不多。可是理財的時代則不同，同樣收入的兩個人由於各自的投資水準不一樣，他們的生活水準和品質就很可能會有天壤之別。因此，我們要想使自己的生活變得更加幸福、美好，除了勤奮工作以外，還需要努力提高自身的投資能力和水準。

## ◎ 分散思維：把雞蛋分放到不同的籃子裡

如果有人問你，關於投資的最著名的格言是什麼？相信你一定會回答：「不要把雞蛋放在一個籃子裡。」

我們身邊的親人朋友也許都有過這樣的經歷：經常把身分證、錢、提款卡、工作證等都一起放在錢包裡，結果，當錢包一丟或者被小偷偷走時，我們不僅身無分文，而且連裡面所有的證件也都丟了。丟了錢事小，丟了身分證、工作證、提款卡之類的證件還得去補辦……一系列的麻煩就因為丟了一個錢包，為什麼？因為我們把所有的東西都放在了裡面。

在進行投資理財時，同樣應該做到「不要把所有的雞蛋都放在一個籃子裡」。如果雞蛋都在一個籃子裡，一旦籃子摔了，雞蛋就可能全碎了，損失就比較大。相反地，如果把雞蛋分散放在不同的籃子裡，即使有一個籃子摔了，其他的雞蛋仍然會完好無損。

投資也是如此。眼光再好的分析師，也有判斷失誤的時候。所謂「天有不測風雲」，此時如果把所有的資金都集中投資到一個品項上，一旦遇到不測，就會給自己帶來滅頂之災。

在家庭生活得到一定的保障後，如何使家庭資產更快增值、提高家庭生活的品質就成為了大部分家庭理財的主要目標。那麼，我們是不是該將所有的存款都拿去購買高風險、高收益的股票，或者全部購買風險較低的公債，抑或簡單地存銀行呢？答案都是否定的。

以投資股票為例，僅買一支股票，如果這支股票大漲，您會賺很多；如果這支股票大跌，就會損失很多。早年，美國很流行股票投資，很多人把房子都賣了，全身心投入股市，但一夜之間股市狂

跌，市值僅有原來的3%左右，很多人頓時傾家蕩產。但如果您買了5支股票，不太可能每支都大漲，也不太可能每支都大跌，在5支股票的漲跌互相抵銷之後，結果一般是小賺或者小賠。如此一來，分散投資使得結果的不確定性更小，也就意味著風險降低了。

可以說，投資市場上的很多悲劇都是因為孤注一擲把所有的錢都放在了一處。有些人看到股市的賺錢效應，便將自己的房子賣了去炒股，或者把自己的養老金都放在裡面，結果損失慘重。

你不理財，財不理你。隨著經濟的發展和人民生活水準的提高，人們手中有了餘款，要讓手中的錢保值增值，需要有一定的投資意識和投資風險意識。在現有的金融市場中，個人和家庭的投資已不局限於銀行存款儲蓄，而是多樣化發展。當前的投資方式包括：精品投資（例如集郵、集幣、集古董和藝術品等）、換套匯、債券投資、保險投資、股票投資、基金投資、購買房產等等。各種投資方式均有不同程度的收益，但各有風險。要做到合理投資，首先應分散投資，不宜把資金投向單一管道。

目前比較流行的家庭資產配置比例可以簡單地歸納為4321定律，即家庭資產的合理配置比例是，家庭收入的40%用於供房及其他方面的投資，30%用於家庭生活開支，20%用於銀行存款以備應急之需，10%用於保險。

按照4321定律，真正能夠用於家庭理財增值的部分，其實只有40％的資產。對於那些貸款買房一族，房產投資或許是其一生最為重要的投資活動。根據房貸的「三一定律」，一個家庭每月歸還房貸的金額以不超過家庭當月總收入的1/3為宜，這已經基本佔據了一個家庭應該用於投資的絕大部分份額。關於投資，我們應該向一些成功人士學習。例如，巴菲特曾評價比爾·蓋茲說：「如果他賣的不是軟體而是漢堡，他也會成為世界漢堡大王。」言下之意，並不是微軟成就了蓋茲，而是其商業天賦成就了這個世上最富有的人。

對於理財，蓋茲自然也有自己的一套方法。對微軟公司前途的信心使蓋茲仍然把財富的絕大部分投資在公司股票上，儘管他已經不擔任公司的CEO，但作為微軟的首席顧問，他仍然主導著公司的發展方向和戰略規劃。不過，精明的他也會在好的價位適當地套現一些股票。

　　當然，像蓋茲這樣的聰明人是絕不會「把雞蛋放在一個籃子裡」的。具有遠見的蓋茲早在網路股泡沫破裂前就開始分散投資。蓋茲在1995年建立了一家投資公司，據瞭解，該公司管理的投資組合價值100億美元，其中很大一部分投入了收入穩定的債券市場，主要是國庫券。

　　蓋茲看好代表新經濟的數字及生物技術產業，但在投資時並不排斥傳統經濟，尤其看重表現穩定的重工業部門。蓋茲曾透過自己的投資公司收購紐波特紐斯造船公司7.8％的股份，後來這些股票幾乎上漲了一倍。不僅如此，他對加拿大國家鐵路公司的投資也給他帶來了豐厚的回報，在不到一年的時間裡，股價就上升了大約1/3。此外，蓋茲也喜歡向抵禦市場風險能力很強的公用事業公司投資。而蓋茲對科學創新的興趣，也使他把醫藥和生物科技產業作為一個重要的投資方向。

　　「不能把所有的雞蛋都放在同一個籃子裡。」這句西方諺語是理財投資的信條。因為唯有這樣，你在享受收益的同時才能兼顧風險的規避。

　　但是，儘管「東邊不亮，西邊亮」，「西邊不亮，東邊亮」，但不可否認的事實是，「東邊」或「西邊」都會有「不亮」的時候，甚至有可能出現「東邊」和「西邊」同時都「不亮」的情景。如此一來，多元化投資組合的選擇就顯得至關重要。也就是說，並不是什麼籃子裡都可以放雞蛋，應該慎重考慮「把雞蛋放在哪一個

籃子裡」。

　　總之，每個籃子實際上都存在固定風險。既不能把雞蛋放在同一個籃子裡，也絕非放雞蛋的籃子越多越好，更不能只要一看到籃子就放雞蛋。

## 借錢思維：用別人的錢來創造效益

　　一談到借錢，有的人就害怕。在國人的傳統思維裡面，借錢是不到萬不得已的下下之策。為什麼？怕付利息，怕虧不起、還不起，還怕被人瞧不起。有的人說：「我這個人借了別人的錢，就吃不香、睡不著，整天壓在心裡很難過。」但是在信貸發展越來越發達的今天，幾乎沒有人能一生不負債，永遠不借錢。

　　一個人要創業、要發展，就要敢開口借別人的錢。商場上還有句話叫做：會花錢的，花別人的錢；不會花錢的，花自己的錢。

　　俗話說得好，借力發力不費力。用別人的錢來創造效益也是這個道理。有時候，借雞下蛋也是一種能力。善用這種能力的人，就能夠以小博大，以弱勝強，以柔克剛。讓我們來看看丹尼爾‧洛維格的成功經歷。

　　丹尼爾‧洛維格的名字，我們可能都不太熟悉，但他所創立的企業王國卻是一個龐大複雜得令人不可思議的跨國公司：這裡面包括全部獨資或擁有多數股權的遍布世界的許多產業：一連串的儲蓄放款的信貸公司，許多家旅館和許多座辦公大樓，從澳洲到墨西哥各地的許多家鋼鐵廠、煤礦及其他自然資源的開發經營公司，在巴拿馬和美國佛羅里達州的石油和石油化學工業煉油廠等等。除此之外，洛維格還擁有一支總噸位達500萬噸的，足以與希臘船王的船隊相媲美的世界級船隊。

　　更加難能可貴的是，丹尼爾‧洛維格並不是一個銜著金湯匙出生的富家子弟。他的所有一切都是白手起家，依

靠自己的聰明才智所取得的。其中，他獨特、高明的借錢賺錢方式，可以說，是他的事業得以成功的最重要因素。

洛維格從19歲開始經營自己的事業，在此後的20多年中，他一直沒有財星高照，走上紅運。他在航運業裡浮沉打滾多年，做些買船、賣船、修理和包租的生意，有時賺錢，有時賠錢，他手頭的錢一直很緊，幾乎一直有債務在身，有好幾次都瀕臨破產的邊緣。一直到30年代中期，年近40歲的洛維格才開始時來運轉。

最初，他僅僅是想透過貸款買一條普通的舊貨輪，打算把它改裝成油輪。因為在當時，運油比運貨的利潤高。他找了好幾家紐約的銀行，銀行的職員們瞪著他磨破了的衣領，問他能提供什麼擔保物。洛維格雙手一攤，他沒有值錢的擔保物，借錢只能是失敗。

最後當他來到紐約大通銀行時，他提出他有一艘可以航行的老油輪，現在正包租給一家信譽卓著的石油公司。這艘老油輪和那家信譽卓著的石油公司幫了洛維格的大忙，大通銀行可以直接從石油公司收取包船租金作為貸款利息，用不著擔驚受怕，只要這艘老油輪不沉，石油公司不倒閉，銀行就不會虧本。

銀行就按著這個條件，把錢借給了洛維格。洛維格買下了那艘想買的老貨輪，把它改裝成為一艘油輪，又將它租了出去。接著，他又用同樣的辦法，拿它去抵押，又貸了另一筆錢，買下了另一艘貨輪，又把它改裝成油輪租出去。如此這般，他工作了許多年。每還清一筆貸款，他就名正言順地淨賺下一艘船。此後，包船租金也不再流入銀行，而開始落入洛維格的腰包。

他就是採取這種「抵押貸款」的辦法，在經商的大洋裡越賺

越多，成為世界航運的巨頭。如果丹尼爾‧洛維恪守著不願意負債的理念，那等到他能買得起第一艘船的時候，這個市場也許早就被別人搶佔了。可以說，沒有借錢思維，就沒有丹尼爾‧洛維格的成功。

相比於花數十年的時間，獨自一人在黑暗中慢慢摸索，慢慢存錢，更為聰明的辦法是：站在巨人的肩膀上登高望遠，藉著別人的資金和力量快速向前。創業投資是這樣，個人生活也是這樣，都要巧妙地運用借錢思維。在信貸消費越來越發達的今天，無論你是貧窮還是富有，在一生中都會有或長或短的負債經歷，為什麼有的人因債務變得更加貧窮，有的人則因為債務變得愈來越富足？差別就在於是否懂得運用債務來改善家庭的財務狀況。

聰明的負債人可以融通資金、提高家庭生活品質；愚蠢的負債人則只求取眼前的滿足，結果陷入債務危機的泥淖。因此，聰明負債是有利於家庭財務健康的，相反地，那些有能力負債的家庭堅持不負債，反而不符合科學理財的精神。特別是在通脹時期，若能合理運用「槓桿效應」活用負債，適當轉嫁風險，就有可能獲得更大的收益。

## ◎ 槓桿思維：以最少的付出獲得最大回報

　　古希臘著名科學家阿基米德曾說：「給我一個支點，我將撐起整個地球。」可見槓桿原理的巨大力量。

　　一個人的力量畢竟是有限的，自從槓桿原理被發明之後，人類在從事體力勞動的過程中都積極發揮了它的作用。利用槓桿，人們可以用較小的力量舉起較重的物體。槓桿原理不僅可以在科學技術方面發揮作用，在很多其他領域也都可以巧妙地利用槓桿原理發揮效用。

　　所謂的槓桿思維，就是指設計一個激勵模式或者營利模式，讓更多的人服務於你的目標。

　　槓桿原理體現的涵義大致三點：第一，如果在這個世界上你想要做的事情已經有人做到了，你只要找到這個人，讓他教你就可以了。

　　第二，如果在這個世界上你想要做某件事，肯定會有人有和你同樣的想法，那麼找到這個人，一起合作，你會成功得更快！

　　第三，如果在這個世界上你想要做某一件事情，成功之後會給一些人帶來好處，那麼你應當先找到這些人，讓他們協助你，這樣，成功的機率會成倍增長。

　　把槓桿思維延伸到公司財務管理和經營決策方面，槓桿思維可以理解為，給我一點資金，我可以推動龐大的製造隊伍，創造出巨額財富。初創企業之時，創始人通常會遇到這樣兩類問題，第一，需要多少資金投入以及形成多大的產量和銷量，才可以使企業盈利；第二，在既定的資金需求金額下，自己出多少錢，再借入多少錢，能夠使企業的經濟價值最大化。

我們知道，企業理財總需要一定的資金，資金來源有哪些管道？歸根結柢只有兩個：負債籌資和權益籌資（如經營者自有資本投資）。但是，企業的資金全部靠經營者投資顯然是不現實的，也不一定對老闆有利。實際上，舉債經營不是因為窮，而是企業的一個經營策略，基本道理就是我們通常所說的「借雞下蛋」，把「雞」還掉，剩下屬於自己的「蛋」，何樂而不為呢？

　　舉例來說，某老闆投資1000萬，預估會有20％的報酬率，如果全部都是以老闆自有資金來投資，那麼這1000萬元的自有資金的資本報酬額為200萬。但如果老闆拿出1000萬元，另外借1000萬元，借款年利率為15％，資本報酬率是20％，報酬額為400萬元，扣掉借款負擔的利息費用150萬元之後，報酬總額為250萬元。

　　阿基米德的話到這裡可以延伸為：「借我足夠的錢，我就可獲取巨大的財富。」在西方市場中流行的「槓桿收購」就是槓桿思維的典型運用。你要投資一個企業，這個企業還不是你的，但你可以利用跟企業簽的協議，把這個企業抵押，拿到錢之後，再來買這個企業。舉個簡單的例子：在某些國家買房產是可以進行槓桿收購的。買房產的時候，你只支付了20％或30％的預付款，這個房子還不是你的，但你可以用這個房子到銀行抵押貸款，然後按月去付銀行的貸款，付完了之後，房子就歸你。

　　實際上，我們可以借的不僅僅是錢，人和物都可以是我們的槓桿可以撐起的。


　　有這樣一個故事：俄羅斯要招聘一個飛行員，有三個人來面試，分別是德國人、法國人和猶太人。俄羅斯人問他們說：「先生們，請談談你們對薪金的要求。」德國人說：「我要求3000元美金，其中1000元給妻子和家庭，1000元用來購買保險，1000元留給自己用」。法國人說：「我要求4000元美金，其中1000元給妻子和家庭，1000

元用來購買保險，1000元留給自己用，1000元留給我的情人。」

輪到猶太人時，他說：「先生，請給我5000元美金。因為你把這個專案給了我，其中1000元應該屬於你，1000元屬於我自己，另外3000元，我將用來雇請一個德國飛行員來完成這個項目。」

從這個故事中，你學到了什麼？

德國人和法國人，即使獲得了這份工作，做得再好，也不過就是個職員，但猶太人的想法不一樣，他把自己當作了一個支點，撬動的是俄羅斯人和德國人——他巧妙地藉由別人的力量為自己牟利。

總之，只要找到那個支點與好的槓桿，你能做的事情將遠遠超出你的想像。槓桿思維就是要我們找到那個合適的支點，以最少的付出獲得最大的回報。

## ◎ 務實思維：小商品也能賺到大錢

美國有兩家規模相似的大公司。一家是波音公司，每架飛機售價幾千萬美元乃至上億美元，另一家則是甘布林公司，專門生產尿布、衛生紙、牙膏、香皂之類的小商品。這兩家公司的年銷售額相差無幾：波音公司為302億美元，甘布林公司為299億美元。但是波音公司的利潤只有5.5億美元，而甘布林公司卻高達18.7億美元。這說明了什麼道理？小商品也能賺大錢，小商品也有大市場。

市場中當然需要大產品，卻也缺少不了小商品，因為消費者對市場的需求是多元的。有大有小，才能滿足消費者的不同需求，也才能靈活應用市場。同時，小商品本身有從「量」到「質」的累積和轉變過程，量多了，小也就變成大了。

但遺憾的是，很少有人能發現「小」的價值。年輕人雄心勃勃，總想著要做一些驚天動地的大事業，好像事非偉大就不能做。年輕的MBA一畢業，就要求到公司或企業做企劃、做管理，甚至要求直接當部門經理，其餘的事情一概不考慮，月薪不低於五萬是最基本的要求，房子、車子也必須要配套。

這種要求實在讓人很無奈，讓我們看看那些成功的人是怎麼做的：

香港的「金利來」可以說是當今家喻戶曉的品牌。提到這個品牌，我們就不得不提到曾憲梓。曾憲梓的成功，是從一條小小的領帶開始的。

1934年，曾憲梓出生在廣東梅縣一個貧苦的農民家庭，全家人的生活一直很艱苦。1963年，曾憲梓經香港到

泰國，僑居了5年。1968年，又從泰國回到香港。初回香港時，他兩手空空，處境艱難。為了生活，他甚至幫人照顧過孩子。

生活的艱難，激發了曾憲梓創業的決心。他利用晚上的時間認真鑽研香港的市場狀況，發現儘管香港的服裝業很發達，香港人也很喜歡穿西服，可是卻沒有一家生產領帶的工廠。於是，他拿出平時省吃儉用積存的6000港元，又騰出自家租住的房子，做起了領帶生產廠。

萬事開頭難。起初，曾憲梓和妻子兩人只是用手工縫製低檔的領帶。儘管夫妻兩人起早摸黑，工作得很辛苦，生意卻非常不好。經過仔細考慮，他決定改做高級領帶。他買來法國、瑞士的高檔領帶進行研究仿製，生產出了一批高級領帶。為了打開銷路，他下了狠心，將第一批產品放在一家商店免費供應顧客。

由於花色、款式極佳，曾憲梓拿出的這批產品很受歡迎。很快，他製作的領帶便在香港小有名氣。及至1970年，已在香港十分受到歡迎。也就在這年，他正式註冊成立了「金利來（遠東）有限公司」。第二年，他在九龍買了一塊地，建起一間初具規模的領帶生產廠。由此，曾憲梓走上了他的成功之路。

誰說小商品不能成就大事業？曾憲梓的經歷，清楚明白地告訴我們，只要踏踏實實去做，即使是做領帶，也能成為億萬富翁。

在經營活動中，有大生意，有小生意。無論生意大小，其中皆各有各的學問。只要能夠量體裁衣，從自身實際出發，孜孜以求，小生意一樣能做出大市場。

## ◎ 風險思維：掌握好風險的承受力

　　我們投資的目的是什麼？毫無疑問，是讓自己的財富增值。但投資總是有風險的，即使是最好的投資大師，也有看走眼的時候。

　　一個平庸的投資者與成熟的投資者最大區別就在於，成熟的投資者一定會把風險都控制在自己可以承受的範圍之內，不會因為一個錯誤而使自己傾家蕩產跌入深淵。而平庸的投資者卻常常小賺大賠，不僅沒有達到資產增值的目的，還讓自己的財富大大縮水。

　　企業投資也是這樣。不管怎樣，投資總會有得失兩種情況，得或者失、成或者敗，不管可能的「得」能有多大，衡量一個投資可行與否的最底線是這個「失」能否承受。所謂的「失」，就是風險。在進行任何投資行為之前，我們都應當估計到這一行為可能帶來的風險和損失，並衡量這些損失是否是自己可以承受的。

　　如果有著無法承受之「失」，那麼這樣的投資就應該果斷地放棄。遺憾的是，在投資的時候，我們的眼睛往往盯著可能獲得的那些利潤，因此甘願去冒一些自己無法承受的風險。

　　在投資交易中，風險控制永遠是最應重視的，必須貫穿交易的全過程。利潤是風險控制的產品，而不是欲望的產品。從這個意義上說，風險控制再怎麼強調也不過分。

　　瞭解自己的風險承受能力是一切投資行為的起點。一些人受股市的誘惑，賣房炒股或者是把養老金都放在股市，就是沒有考慮到自己的承受能力。一旦血本無歸，你是否還有容身之處？所以說，絕不要把身家性命都放在某一投資之上，對最壞的結果要有充分的估計。

　　在進行實際交易之前，必須擬訂風險管理計畫，這是指你在任

何時候所願意接受的最大損失程度。無論涉足哪個市場，你都必須設定自己願意接受的最大風險或所願意承擔的最大損失，你必須計算自己所能容忍的最大損失佔總交易資本的百分比。同時，你也要知道何時應該調整風險。只要市場狀況發生變動，風險通常也會隨之變動。所以，你必須根據市場狀況調整風險程度。

此外，你還要懂得煞車，做到及時止損。投資者必須學習如何控制損失，包括每筆交易、每天與整體帳戶的損失在內。如不能做到這點，最終可能會遇到非常大的虧損，甚至造成帳戶破產。當然，在資金管理計畫內設定這些規範並不困難，問題在於你是否能夠確實執行。頂級的交易員都知道，寧可錯失機會也不要產生虧損。

投資大師索羅斯有三條生存法則：

1. 冒險不算什麼。

2. 在冒險的時候，不要拿全部家當下注。

3. 做好及時撤退的準備。

1987年，索羅斯估計日本股市即將崩潰，於是用量子基金在東京做空股票，在紐約買入標準普爾期指合約，準備大賺一筆。

但在1987年10月19日的「黑色星期一」，他的美夢化成了泡影。道指創紀錄地下跌了22.6%，同時，日本政府支撐住了東京市場。索羅斯遭遇了兩線潰敗。

索羅斯沒有猶豫。遵循自己的第三條風險管理法則，他開始全線撤退。他報價230點出售他的5000份期指合約，但沒有買家。在220點、215點、205點和200點，同樣無人問津。最後，他在195～200點之間拋出。具有諷刺意味的是，賣壓隨著他的離場而消失了，該日期指收244.5點。

索羅斯把他全年的利潤都賠光了，但他並沒有為此煩

惱。因為他沒有拿自己的全部身家下賭注，他賠掉的不過是他的「利潤」，而不是所有。並且他及時地踩煞車，及時地撤離了。即使他是這場風波中損失最大的人，他也沒有因此一蹶不振，因為他堅持了他的風險控制原則。

兩週後，他重返市場，大量做空美元。由於他知道如何處理風險，堅持著自己的法則，很快就把災難拋到了腦後，讓它成為歷史。而總體算來，量子基金該年度的投資報酬率仍然達到了14.5%。

在這方面，大的投資機構和投資人都建立了一整套嚴格的止損退場制度，並且嚴格執行。反倒是散戶們或者小的投資者對此不以為然，他們覺得其資本規模太小，無法採用資金管理計畫，所以乾脆不理會。正如亞當·斯密所說：「大多數人對於自己的能力和自己會有好運的愚蠢假設過於自負。」

是的，這些人仗著自己在投資市場中的經驗，再加上各種自我培訓和充電，可能在某一階段屢屢得手，有時候甚至可以在最低點買，在最高點賣。每一次的操作成功，都會給投資人帶來極大的成就感和滿足感。隨著時間的推移和成功次數的累積，投資人對自己的能力更加深信不疑，自信心極度膨脹，有些人在內心以「股神」自居，滿腦子只有「賺錢」兩個字，風險的概念很單薄，結果往往是小賺大賠，遭受巨大的損失。

投資的第一要務就是不要賠錢。資產增值緩慢不可怕，可怕的是資產縮水，有去無回。所以，小額投資人一定要更注意自己的風險控管意識。我們投資的每一筆錢都是自己的血汗錢，如果沒有很好的風險控管意識，我們連它怎麼被股市吞沒的都不知道。

## ◎ 創業思維：該出手時就出手

創業，是很多人夢寐以求的事情，很多人都在尋找項目，但有時候錯過了這個村，就沒有了那個店。所以說，創業，該出手時就出手。

近年來，大學生就業形勢日趨嚴峻，而大學生創業不足可以說是就業難的一個核心問題。據統計，清華大學2007年畢業生的創業人數不到1%，而美國當年大學畢業生選擇創業的比例一般佔到23%～25%。

有研究認為，人生中有三個階段是比較適合創業的。

人生中第一個適合創業的年齡是25歲。對於大多數人來說，22歲左右大學畢業，等到25歲時，累積了那麼一點點有限的經驗，基本上知道了自己想要什麼。然後，這個年齡所充滿的激情和天不怕地不怕的勇氣很適合進行創業。

第二個適合創業的年齡是35歲。一般來說，這樣年齡的人在工作過程中已經有了一定的成就，或者是高級打工仔，或者小有成就，各方面都有了一定的基礎，可以放手去創業。這個年齡的人最有創業的衝動，親戚朋友也經常在耳邊鼓動。而且這個年齡即使創業不成，三四年後三十八九歲，也是就業的黃金年齡，還可以回過頭重新進入就業市場。

而事實上，創業與年齡並沒有太多的關係。這三個階段也並非是絕對的。

1994年，家住美國維吉尼亞的男孩卡梅倫·詹森開始了自己平生的第一筆生意——為父母的節日聚會發出

邀請。當時他只有9歲。11歲那年，詹森透過銷售問候卡積蓄了數千美元，並給「自己」的公司取名為「歡樂與眼淚」。

12歲時，詹森花了100美元購得妹妹收集的全套30個「豆豆娃」，並將這些娃娃透過「電子港灣」網站銷售，獲得了十倍的收益。

從此，他嗅到了商機，聯繫了製作公司，批量購進「豆豆娃」，並透過「電子港灣」和「歡樂與眼淚」公司的網站銷售。就這樣，詹森在不到一年的時間內積蓄了5萬美元。隨後，他用這筆錢作為本金，開發了能為客戶保密個人資訊的Myemail郵件服務系統。兩年後，該系統的月平均收益為3000美元。

1997年，詹森與另外兩個年輕人又合作創辦了網路廣告公司，獲取鉅額利潤。用他自己的話說：「高中畢業前，我的資產已超過100萬美元。」

詹森的創業經歷告訴我們，有時候，創業沒有年齡界限，創業需要的只有機會和勇氣。

在人才過剩，勞動力價格越來越低的今天，工作不如意的何止千萬？如果你找不到工作或者你不願意給人打工，你要做什麼？時機到了就創業吧。人生難得幾回冒險，此時不冒險何時冒險？與其羨慕別人翱翔的雄姿，不如造就自己堅實的雙翼；與其羨慕別人擁有自己的事業，享受自己的生活，不如自己付出努力開創一番事業。

## ◎ 先手思維：搶佔先機，講究速度

《兵經》曰：「兵有先天，有先機，有先手，有先聲……先為最，能用先者，能運全經矣。」這告訴我們，搶佔先機是贏得戰鬥的關鍵，也是兵法中的首要原則，在商戰中同樣如此。正如一位著名的策劃專家所說：「為企業的產品進行行銷策劃時，最好選擇開先河式的第一次創意策略。因為在人們的印象中，『第一』最容易被大家記住，最容易被顧客選擇，也能夠讓企業用很少的投入換來不可估量的經營回報。」

　　有一位聰明的商人，帶著兩袋大蒜，騎著駱駝，一路跋涉到了遙遠的阿拉伯地區。那裡的人們從來沒有見過大蒜，更想不到世界上還有這麼好的東西，因此，他們用當地最隆重的方式款待了這位商人，臨別時送了他兩袋金子作為酬謝。

　　另一位商人聽說了這件事，不禁為之心動，他想，大蔥的味道不是也很好嘛，於是他帶著兩袋大蔥來到那個地方。那裡的人們同樣沒有見過大蔥，甚至覺得它的味道比大蒜還要好。他們更加盛情地款待了這位商人，並且一致認為，用金子已遠遠不能表達他們對這位遠道而來的商人的感激之情。經過再三商討，他們決定送給這位朋友兩袋大蒜。

　　一個用大蒜換得了金子，一個用大蔥卻換得了大蒜，何也？其根本原因就在於一個「先」字。通常情況下，市場所接受的往往是

最早出現的東西，而未必是最好的東西。這就是我們為什麼要強調具備「先手思維」的重要原因。

市場的規律和經驗告訴我們，在任何產品的類別中，第一品牌的市場佔有率總是大大超過排名靠後的品牌，有時甚至是後者數個品牌的總和。一份資料表明，第一個進入顧客頭腦的品牌所佔據的長期市場份額，通常是第二個品牌的兩倍、第三個品牌的三倍。而且，這個比例不會輕易改變。這就是說，在市場中，受益最大的往往是「第一個吃到螃蟹的人」，於是有了「先入為主」、「先下手為強，後下手遭殃」的說法。翻開國內外領先企業的歷史可以發現，它們贏得優勢的最大祕訣是在和競爭對手的角逐中搶先一步確立自己的至尊地位，卻不是看似高超的行銷技巧或生產出更好的產品。

「七喜」公司的「非可樂」定位即是一經典案例。可樂類飲料是可口可樂和百事可樂的天下，「七喜」公司透過把產品與已經佔據顧客頭腦的東西聯繫到一起，將自己確定為可以替代可樂的一種飲料，使得銷量劇增。

如今，「七喜」成為世界上銷量第三的飲料。設想，倘若不是第一個提出「非可樂」觀念，縱使「七喜」把產品做得再好，它也不可能有今天的市場地位。

做生意往往就是這樣，誰能以最快的速度最先滿足客戶的潛在需求，誰就能佔盡先機，得到金子。而步入後塵，東施效顰，得到的可能是「大蒜」。要想得到「金子」而不是「大蒜」，起決定作用的就是速度。

在加拿大將楓葉旗定為國旗的決議通過的第三天，日本廠商趕製的楓葉小國旗及帶有楓葉標誌的玩具就出現在

加拿大市場，且銷售一空，而「近水樓臺」的加拿大廠商則坐失良機。有人曾形容說，美國人第一天宣布某項新發明，第二天投入生產，第三天日本人就把該項發明的產品投入了市場。

李嘉誠說：「若想成為領袖，無論從事什麼行業，都要比競爭對手做得好一點。就像奧運賽跑一樣，只要快1/10秒就會贏。」

可以毫不誇張地說，現代社會的競爭，歸根結柢是速度的競爭。無論是企業的發展，還是個人的成就，只有你跑在別人的前頭，你才能成功。如果你只是跟在後面，永遠都只是個普通人。所以，讓我們擁有超凡的速度，去享受成功的喜悅吧。

## 滾雪球思維：發現複利增長的奇蹟

有人說，人生就像滾雪球，後面的成功來自前面的累積。對財富而言，同樣如此。華倫‧巴菲特，我們這個時代碩果僅存的商業領袖和投資大師，曾授權的一部官方傳記就叫《滾雪球》。他把他的人生和財富的成功，都歸因於「滾雪球」的思維。

見過雪的孩子大都玩過滾雪球遊戲。一顆小小的冰塊、石頭或者就是一把雪，在雪地上不停地滾動就會迅速膨脹成一顆大雪球，只要你有足夠的力氣和興趣，這顆雪球會滾成足夠驚人的體積。這就是所謂的滾雪球效應。下面的故事，就是一則雪花變雪球的經典案例：

> 「24美元買下曼哈頓」，這並不是一個荒唐的癡人說夢，而是一個流傳已久的故事，也是一個可以實現的願望，更是一個老生常談的投資方式，但是做得到的人不多。
>
> 故事是這樣的：1626年，荷屬美洲新尼德蘭省總督彼得花了大約24美元從印第安人手中買下了曼哈頓島。而到2000年1月1日，曼哈頓島的價值已經達到了約2.5兆美元。以24美元買下曼哈頓，彼得無疑佔了一個天大的便宜。
>
> 但是，如果轉換一下思路，彼得也許並沒有佔到便宜。如果當時的印第安人拿著這24美元去投資，按照11%（美國近70年股市的平均投資報酬率）的投資報酬率計算，到2000年，這24美元將變成2380000億美元，遠遠高於曼哈頓島的價值2.5兆。如此看來，彼得是吃了一個大虧。

那麼，是什麼神奇的力量讓資產實現了如此巨大的增值？

是複利。複利，也就是把所賺到的錢再進行投資，讓錢再生錢。滾雪球一般的思維，可以讓複利的車輪轉起來，錢就會自動生錢，讓金錢為你工作，而你不需要再辛苦工作。

長期投資的複利效應將實現資產的翻倍增值。只要一個不大的基數，即使是像雪花一樣以一個微小的量增長，假以時日，都將膨脹為一個龐大的天文數字。因此即使以24美元這樣的起點，經過一定的時間後，你也一樣可以買得起曼哈頓這樣的超級島嶼。

2.5兆的金額對我們來說也許太大，370多年的時間對我們來說太長，但是對於那些善於利用複利的遞增效應賺錢的投資者來說，在一個人所能經歷的時間中，也一樣可以累積起可觀的財富。以基金投資為例來說，如果我們從20歲開始，每個月拿出100元投資基金，以後每個月都不間斷的投入100元，也就是我們常說的定期定投，按照每年10%的收益（2007年基金平均收益為128%）計算，到60歲的時候，我們就會有637800元。100元的起點，相信對很多投資者來說應該都不是一個問題，但是卻能累積成六十多萬的數量，複利的威力可見一斑。

或許下面這個故事可以幫助我們更好地理解複利：

在古老的印度王國，國王要重賞國際象棋的發明人——當時的宰相。而宰相什麼貴重的獎勵都不要，只要國王命人在全部的棋盤格子裡放入米粒，作為對他的獎賞。但放入米粒時的規則如下：

第一格內放一粒，第二格內放兩粒，第三格內放四粒……以此類推，每一格內都是前一格的兩倍。國王笑了，認為宰相太小家子氣，但等他知道結果後，他就笑不

出來了。

這就是複利的祕密。儘管從表面上看，它的起點十分低，但是經過很多次的乘積，最終結果卻會迅速變成龐大的數字。無怪乎愛因斯坦也認為：複利是人類已知的世界第八大奇蹟。

如果現在你有十萬元，每年保持10%的複利收益率，只需要經過不到25年的時間你就能成為「百萬富翁」。賺第一個100萬元可能要花費你二十多年的時間，但你有了100萬後，保持同樣的複利收益率，再賺第二個100萬元只需7年多的時間，賺到第三個100萬元只需4年多的時間……複利的威力越到後面越大。

投資並不是富人的專利，即使不能一次性拿出十萬元，每月投資100元，你也會有可觀的回報。要知道，及早開始投資是讓金錢快速增長的最好方式。例如，王先生從22歲時開始投資，每月100元，到30歲共投資本金9600元，按10%複利增長計算，到65歲時即擁有40萬；李先生從30歲才開始投資，每月也是100元，投資到65歲共投入本金42000元，到65歲時也有34萬。可見，投資時間越長，複利增長的威力就越大。

要知道，成功是成年累月累積而成的，而不是一朝一夕的暴利所致。時間讓複利產生了奇蹟，這也正是長期價值投資的魅力所在。

所以，不要再擔心手中的錢少而遲遲不願開始投資了。每一個成功者的大雪球都是從小滾起來的，即使只是一片雪花，在複利增長的模式下，也能變成龐大的雪球。因此，趕緊讓手中的雪球滾起來吧。不管雪球是大是小，只有滾起來，它才能越變越大。

# 第6章

# 學會變通，懂得靈活的
# 10個關鍵思維

世事變化無常，恐怕沒有人能夠總是一帆風順、四平八穩地過上一輩子。每個人都會在人生的道路上遇到各式各樣的挫折，也可能迷失在人生的道路上，繞上遠路；所以當問及那些已經取得成功的人們時，我們會有這樣一個發現：在他們通往成功的道路上，往往能夠適時地靈活變通，否則就連通往成功的路途也會變得崎嶇難行。在這一章，我們就和大家一起來探討學會變通，懂得靈活的十個關鍵思維。

## 示弱思維：以退為進，敗中求勝

聽過這樣一句話：「逞強」只是一時之勇，每個人都能做到。「示弱」卻是一種境界，需要的是勇氣和智慧。每個人都有自己的強項和弱項，以強凌弱，非君子風範。主動示弱，可趨利避害。所以，「示弱思維」是一種以退為進，在敗中求勝的智慧。

當然，示弱的不一定都是弱者。身為強者，屈身「示弱」，無論自己還是別人，都能有所收穫。強者以弱者的謙虛謹慎姿態行事，別人也樂意接受。如此，強者更強，而弱者也容易從中獲得慰藉，從而在心平氣和中自覺地向強者學習，有所進步。

在現代的社會競爭中，很少有人會想到以退為進，或者想到了也覺得有股窩囊氣。然而，能屈能伸，方是英雄。終究大家最看重的還是誰能笑到最後，誰能笑得最好。

在商場上，如何與對手談判，如何能夠游刃有餘地控制整個局勢的走向，也需要有以退為進的策略。無論是什麼樣的戰場，「退一步，進兩步」，以退為進，絕對算得上從容不迫的一個制勝策略和技巧。

贏家以退為進，最終會贏得他們想要的一切，輸的人當看到對方示弱的時候，心理上可能會佔有優勢，但是從長遠來看，真正的優勢是誰的，明眼人一目了然。

澳洲有一個故事，說烈性的野馬一般生命較短，因為牠們難以被馴服，所以人們只能將牠們殺來食肉，而那些肯「示弱」的野馬，因為較易馴服，往往能夠在賽場奪冠而被人類精心飼養，所以能夠活得很久。

植物也常常是透過「示弱」獲得生長的機會：一堆石子堆在

地上，恰好把小草壓在了下面，小草為了呼吸新鮮空氣，享受溫暖的陽光，改變了直長的方向，沿著石頭間的縫隙，彎彎曲曲地探出頭，掙脫了亂石的阻隔。在重壓面前，小草選擇了彎曲、選擇了示弱，而正是這種選擇，才使它們能生機盎然。人也是一樣，一個真正甘心「示弱」的人，必是一個豁達大度，寬宏大量的人，一個充滿人情味，充滿智慧的人，一個處世雖淺卻悟世極深的人。

　　瑞典的登山名將克洛普就是這樣一個人。1996年春，他騎自行車從瑞典出發，歷經千辛萬苦，來到了喜馬拉雅山的腳下，與其他12名登山者一起準備攀登珠峰。但在距離峰頂僅剩下300英尺時，他發現還需要45分鐘才能登上珠峰頂，但這就不能在他預定的安全時間，在夜幕降臨之前返回營地。於是，他毅然決定放棄此次登峰行動，返身下山。

　　而與他同行的另外12名登山者卻無法認同他的明智決定，繼續向上攀登，雖然最後他們大多數到達了頂峰，但最終卻因錯過了安全時間而葬身於暴風雪中，讓人扼腕歎息。而克洛普經過對惡劣環境的適應，在第二次征服中輕鬆地登上了峰頂。可以想像，如果克洛普也一味地執著，不顧一切地去實現目標，那麼將遭遇與同行者同樣的結局。但是他學會了示弱，學會了審時度勢，把握全局，以小忍換大謀，以退為進，最終實現了自己的願望。

曾經看過這樣一個給人以啟示的應徵實例，每個人在應徵自己意向中的單位時，往往在自己的簡歷上恨不得把所有的優點、經歷都羅列上去，以展現自己的優秀。但是有這麼一位大學畢業生，在自己的簡歷上寫下了自己「不太合群」的弱點。在有些人看來，這是難以理解的。然而，意想不到的是，招聘單位反而錄取了他。

在招聘單位看來，這位大學畢業生能實事求是說出自己的個性弱點，恰恰是其誠實守信的表現。對一個單位而言，這是一種難能可貴、必不可少的素質。能認識到自己的缺點，這說明還有可以改進的空間，但假如不能正視自己，恐怕誰也無法幫他在事業的前進道路上開闢航路。這個畢業生主動向用人單位「示弱」，有意曝露自己在某些方面的弱點，卻得到了自己想要的東西，從這個意義上說，「示弱」不也是一種人生智慧、處世哲學嗎？

赫蒙是美國有名的礦冶工程師，畢業於耶魯大學，又在德國的佛萊堡大學拿到了碩士學位。可是當赫蒙帶齊了所有的文憑去找美國西部的大礦主赫斯特的時候，卻遇到了麻煩。那位大礦主是個脾氣古怪又很固執的人，他自己沒有文憑，所以就不相信有文憑的人，更不喜歡那些文質彬彬又專愛講理論的工程師。

當赫蒙前去應聘遞上文憑時，滿以為老闆會樂不可支，沒想到赫斯特很不禮貌地對赫蒙說：「我之所以不想用你，就是因為你曾經是德國佛萊堡大學的碩士，你的腦子裡裝滿了一大堆沒有用的理論，我可不需要什麼文謅謅的工程師。」

聰明的赫蒙聽了不但沒有生氣，反而心平氣和地回答說：「假如您答應不告訴我父親的話，我要告訴您一個祕密。」赫斯特表示同意，於是赫蒙對赫斯特小聲地說：「其實我在德國的佛萊堡並沒有學到什麼，那三年就好像是稀里糊塗地混過來一樣。」想不到赫斯特聽了竟哈哈大笑，說：「好，那明天你就來上班吧。」就這樣，赫蒙運用了「必要時不妨示弱」的策略輕易地在一個非常頑固的人面前通過了面試。

也許有人認為赫蒙那樣做不太合適，但我們所強調的是能不能做到既沒有傷害別人又能把問題解決。就拿赫蒙來說，他貶低的是自己，他自己的學識如何，當然不在於他自己的評價，就是把自己的學識抬得再高，也不會使自己真正的學識增加一分一毫，反過來說，貶得再低也不會使其減少一分一毫。

　　總之，為了今後能夠以退為進，敗中求勝，有時候，我們就應該學會用示弱的思維解決問題。你要知道，笑到最後，才能笑得最好。

# ◎ 進退思維：掌握好前進的節奏

拿商業談判為例，人們普遍不太敢用退出來要脅對方，生怕談不成弄得兩頭落空。所以，談判老手都會不擇手段地掌握對手的真正意圖，等摸清了底牌，便掌握了談判的主動權。這時再以什麼方式取勝，就是技術問題了。美國前總統羅斯福就是一個深諳此道的人。

巴拿馬運河最早不是由美國開鑿的。19世紀末，一家法國公司跟哥倫比亞簽訂了合同，打算在哥倫比亞的巴拿馬省境內開一條連通大西洋和太平洋的運河。主持運河工程的總工程師就是因開鑿蘇伊士運河而聞名世界的法國人雷賽布，他自認為這一工程應該能水到渠成地輕鬆完成，然而巴拿馬的環境與蘇伊士有很大的不同，工程進度很慢，資金開始短缺，於是公司陷入了窘境。

美國早在1880年就想開一條連貫兩大洋的運河。由於法國先下手與哥倫比亞簽訂了條約，美國十分懊悔。在這種形勢下，法國公司的代理人布里略訪問美國，向美國政府兜售巴拿馬運河公司，要價一億美元。美國早已對運河公司垂涎三尺，知道法國打算出售公司更是欣喜若狂。然而，美國卻故作姿態，羅斯福指使美國海峽運河委員會提出報告，證明在尼加拉瓜開運河更省錢。報告指出，在尼加拉瓜開運河的全部費用不到2億美元。在巴拿馬開運河的直接費用雖然只有1億多，但另外要付出一筆收買法國公司的費用，這樣，開巴拿馬運河的全部支出將達到2億5千多

萬美元。

　　布里略看到這個報告後大吃一驚。如果美國不收買巴拿馬運河，法國不是一分錢也收不回了嗎？於是他馬上遊說，表明法國公司願意削價，只要4000萬美元就行了。透過這一方法，美國就少花了6000萬美元。

　　羅斯福又用同一計策來對付哥倫比亞政府。他指使國會通過一個法案，規定美國如果能在適當時期內與哥倫比亞政府達成協議，將選擇在巴拿馬開運河，否則，美國將選擇尼加拉瓜。

　　這樣一來，哥倫比亞也忍不住了，駐華盛頓大使馬上找國務卿海約翰協商，同意以100萬美元的代價長期租給美國一條兩岸各寬3公里的運河區，美國每年另外付租金10萬元。

　　在此事例中，我們可以看到，「欲進先退」的羅斯福，在談判中成功地運用了這個思維，最後，美國只用了極少的代價，就得到了巴拿馬運河的開鑿和使用權。

　　其實，不光是談判，在我們的生活和工作中，只要你懂得進退思維，掌握好前進的節奏，你就會發現適時退讓會讓自己更輕鬆、更主動。相反，如果只知道一股勁向前衝，往往會欲速則不達。

## ◎ 柔性思維：以柔克剛，以弱勝強

老子曰：「天下莫柔弱於水，而攻堅強者莫之能勝，其無以易之。弱之勝強，柔之勝剛，天下莫不知，莫能行。」水可說是世界上最柔弱的，然而卻能將堅硬的石頭蝕穿。以弱勝強，以柔克剛在自然界的例子比比皆是。烈風可以吹斷幾個人才能抱得過來的大樹，卻奈何不了一根細細的小草；鐵錘可以砸碎堅硬的石塊，但捶不壞軟軟的棉花。柔性思維的強大之處，就展現在這裡。

與柔性思維相對的是剛性思維，這是人的本能思維，遇到問題時容易衝動地直奔目標，就像一個有勇無謀的將軍，在戰場上只知道一味地向前衝殺，而不注意前面是否有陷阱。柔性思維是一種聰明的思維，就是永遠在運動中認識事物，既包括思維內容的柔性，也包括思維方法的柔性。

從思維內容上講，柔性思維強調萬事萬物都應以柔勝剛、以弱勝強，都應該學會守弱；從思維方法上講，柔性思維強調辯證地、動態地、全面地、整體地看待問題。

柔性思維體現了一種思維模式，可以將其總結為守弱與應變之道。遇到問題時首先理清思路，然後再去解決問題，這包括用什麼思維觀念來考慮問題、從什麼思維視角來觀察問題，在什麼思維層次來分析問題等等。它就像是一個精通謀略的統帥，總是先分析判斷戰場目前的形勢和可能產生的變化，然後再決定進退取捨，爭取花最少的代價獲得最大的勝利。

針鋒相對不如以柔克剛。倘若別人用非常惡毒的言語攻擊你，你不妨冷靜下來思考一下他的批評指責有無道理，從中發現對你有價值的東西，然後感謝他的無私幫助。如此以柔克剛，以寬容之心

對待惡毒之言語，常常會收到意想不到的效果。一般人說，人活一口氣，但那些真正有本事的人，是把這口氣嚥下去。當雞蛋掉在石頭上時，雞蛋很容易破碎，而當皮球掉在石頭上時，它會彈起而保持完好無損，這是在日常生活中一個很明顯的例子。之所以如此，是因為皮球對強大的外力能以柔韌化之，而雞蛋卻不能，故有「以卵擊石，自不量力」之說。這其中蘊含的就是我們所講的柔性思維。以柔克剛，才能在強敵面前保全自己，直至成功。

在日常生活中，我們遇事要柔韌對待，對人更要柔性對待。俗語說：「百人百心，百人百性。」有的人性格內向，有的人性格外向，有的人性格柔和，有的人則性格剛烈，各有特點，又各有利弊。

然而綜觀歷史，我們不難發現，往往剛烈之人容易被柔和之人征服利用，因此為職者需善於以柔克剛。因為大凡剛烈之人，其情緒頗好激動。情緒激動則很容易使人缺乏理智，僅憑一股衝動去做或不做某些事情，這便是剛烈人的優點，同時又恰恰是其致命的弱點。俗語說：「牽牛要牽牛鼻子，打蛇要打七寸處。」以柔克剛，就是在耐心、信心、恆心、毅力上的角逐。在這些方面，誰佔了上風，誰就是真正的勝利者。而柔或剛，只是兩者在比較時表現出來的表面形態，這裡所謂的剛，只是浮躁、虛張聲勢、經不起挫折的表現。而柔，則是虛懷若谷，因為對自己充滿信心，勝不驕，敗不餒，所以才有的表現。

一塊巨石從高空跌落在一堆棉花上，會是怎樣一幅情景？巨石雖硬，但也會摔得粉碎，棉花雖軟，但被巨石砸到也不會有什麼創傷。以己之長，可以克敵之短。若以剛克剛，則會兩敗俱傷。善於以柔克剛，才能在不傷自己的前提下獲得成功。

## ◉ 變通思維：以變制變，創造性地完成任務

　　記得小學課本上有一篇課文叫做《曹沖稱象》，講的是曹操想知道大象有多重，眾人百思不得妙法，而年僅五六歲的曹沖想到了好辦法。他把大象趕到船上，在船舷上刻上記號，然後用石頭裝船到記號處，稱出石頭的重量就得到了大象的重量。課文雖然簡單，但卻啟發了我們一個人生重要的概念──變通思維。

　　花開花落，潮漲潮落。水無常形，人無常勢，萬事萬物都在變化著，我們的思維也應懂得並善於「變通」。正所謂窮則變，變則通，通則明。只有變通思維，才能變不可能為可能。當大音樂家莫札特還是學生時，曾譜寫過一段曲子，但他的老師怎麼也彈奏不了。原來那段曲子，即使用雙手分別彈響鋼琴兩端時，也會有一個音符出現在鍵盤的中間位置上，而當莫札特遇到那個需要「第三隻手」才能彈奏的音符時，卻不慌不忙地向前彎下身子，用鼻子點彈而成。莫札特正是巧妙地利用變通思維，才化不可能為可能。

　　能否解決問題，與思考問題的方法十分重要。善於變通思維，就能找到解決問題的好辦法。當你從一個方向思考問題容易陷入困境時，變通一下思維，從另一個角度思考，很可能得到意外的收穫。

　　20世紀40年代，方糖雖然用防濕紙包裝，但是，密封紙張不管有多厚、有多少層，時間一長，方塊糖仍會漸漸變潮，甚至發黃。各家製糖公司動員了不少專家，耗費了不少資金，就是找不到有效的防潮方法。

　　科盧梭是一家製糖公司的普通職員，因為每天都接觸

方糖，對方糖的特質很熟悉，工作之餘，他也在思考著怎樣才能夠找到一個有效的防潮方法。可是，他嘗試了很多方法都沒有效果。這天，他異想天開地想，能不能逆向思考嘗試一下呢？於是，他在方糖的包裝紙上打了一個洞，結果，空氣的對流使得方糖受潮現象一下就消失了，終於解決了很多專家都頭疼的問題。

可以說，很多我們生活中正在使用的必需品都是這麼得來的，本來可能是廢品一件，但生產者的思維一變，新的產品就會應運而生。我們現在用的衛生紙就是一個例子——

　　20世紀初，美國舒潔紙業公司買下一大批紙，因為運送過程中的疏忽，造成紙面潮濕產生縐紋而無法使用。面對一倉庫將要報廢的紙，大家都不知道如何是好。在主管會議上，有人建議將紙退還給供應商以減少損失，這個建議幾乎得到了所有人的贊同。

　　而史考特卻不這麼想，他認為不能因為自己的疏忽而給別人帶來負擔。經過一段時間的思考與反覆實驗，最後，他決定在捲紙上打洞，讓紙容易撕成一小張一小張。史考特將這種命名為「桑尼」的衛生紙巾賣給火車站、飯店、學校等機構。意想不到的是，因為這種衛生紙相當好用而大受歡迎。如今，衛生紙已經成為人們日常生活中不可缺少的生活用品。

有人說，改變不了天氣，就改變心情。改變不了他人，就改變自己。同樣，改變不了環境，就改變思維方式。蕭伯納也說：「明智的人使自己適應世界，而不明智的人堅持要世界適應自己。」變通是天地間的大智慧，是才能中的才能。人生在世，面對層出不窮

的矛盾和變化，最有效的辦法就是要學會變通。從某種意義上講，變通，就是尋求一種解決問題的新方法。遇到新的情況，就換新的想法去應對。如果只是墨守成規，不知道運用巧思，靈活變化，不要說不能成功，還有可能會吃大虧。

或許有人會問：講變通，難道就是要事事變，時時變，不講原則了嗎？當然不是，仔細想想，人生在世，總會不斷地遇到挫折和磨難，堅持自己的原則並沒有錯，但也要學會看清事實，分析時勢，學會變通。大事講原則，小事要變通。畢竟，一個人的一生不可能永遠只做對的事情，也不可能永遠一帆風順，堅持原則的結果有可能是對的，但無論對什麼事，假如只是一味地鑽在自己的原則裡不肯出來，說不定最後會遺憾終生。所以，學會變通，以變制變，會讓你有全新的發現。

## ◎ 迂迴思維：避實就虛，出奇制勝

「圍魏救趙」的戰術想必大家耳熟能詳。齊國為了解救被魏國圍攻的趙國，不是直接去前線和魏軍交戰，而是繞道去進攻魏國的大本營，不損一兵一卒還能逼迫魏軍撤退。這一招避實就虛出奇制勝就是典型的迂迴思維的表現。

在現實生活中，當你在解決某個問題的思考活動中遇到了難以消除的障礙時，可謀求避開或越過障礙來解決問題，讓思維過程適應問題的發展，根據實際情況與需要，在一定時間內暫時離開直線軌道，轉入一個曲折蜿蜒、繞道前行的階段。

馬鈴薯原本生長在美洲，它的塊莖具有很高的營養價值，而且它的產量相當高，既可以當糧食吃，又可以當蔬菜食用。法國農學家巴蒙蒂埃來到美洲發現了這種植物，他對馬鈴薯做了非常細緻的研究，最後肯定其具有很高的種植價值，於是就帶了一大袋的馬鈴薯回到法國，想要在法國推廣種植這種農作物。

回到法國後，他就在各大報刊上刊登了這種農作物的好處和種植方法。但是法國人民因為早就形成的種植習慣以及對新事物存在的偏見，沒人願意種植這種從來沒有見過的植物。有些迷信的農民認為，馬鈴薯其實是一種魔鬼的蘋果；保守的醫生則認為，人們一旦吃了這種奇怪的東西，身體就會受到傷害，很有可能會因此而喪命；固執的土壤學家認為，一旦將這種奇怪的植物種入土壤之中，那麼土壤的肥力就會被這種植物吸收而最終枯竭。無論這

位農學家如何奔走，如何熱情地呼籲，就是沒有人願意種植，於是馬鈴薯在法國依然得不到推廣。

後來，這位農學家想出了一個辦法，他故意請求國王派出一隊衛兵幫助自己看守馬鈴薯種植園，不允許任何人採摘它的一片葉子。消息傳出後，人們都很好奇，附近的農民白天躲在不遠的地方偷偷觀看巴蒙蒂埃怎樣耕種，怎樣鋤草，怎樣施肥。等到了晚上，衛兵們離開休息時，附近的農民就偷偷溜進種植園將馬鈴薯挖出來，帶回家偷偷種植。

後來更多的人瞭解到這種植物，就向巴蒙蒂埃討要馬鈴薯的種子，然後帶回去自己種植。就這樣，一傳十，十傳百，沒幾年工夫，這種大眾作物就傳遍了整個法國。

農學家利用迂迴的方式，讓國王的衛兵看守馬鈴薯種植園，從而引起人們的好奇，激發他們的獵奇欲望。老百姓覺得，只有最好的好東西才會用衛兵去看守，這種能口耳相傳的口碑效應遠比現在的電視廣告還有效，而馬鈴薯也就在很短的時間內在法國推廣開來。

很多新事物初次來到人們的面前時，總會因為人的守舊習慣而遭到排斥。

當美國GE公司率先將自動洗碗機擺在電器商場的貨架上後，沒想到竟然不受青睞。為了推廣這個全新的科技產品，公司的經營策劃者們也巧妙地運用了迂迴的思維方式。

經過一番廣告宣傳之後，自動洗碗機依然不能引起大眾的興趣。顧客是「上帝」，他們不購買新產品，總不能強迫他們認購。在無可奈何的情況下，公司只好請教市

場行銷專家，看他們有何金點子。專家們經過一番分析推
敲，終於悟出一個新辦法：建議將銷售對象轉向住宅建築
商。

　　建築商並不是洗碗機的最終消費者，他們樂意購買
嗎？當人們對洗碗機品頭論足時，建築商則不屑一顧，他
們對任何東西都是拿經濟利益這把尺來衡量。當GE公司
的公關人員對建築商一陣「如此這般」之後，建築商同意
做一次市場實驗。他們在同一地區、居住環境、建築標準
相同的一些住宅中，一部分安裝有自動洗碗機，一部分不
裝。結果，安裝有洗碗機的房子很快就賣出或租出去，其
出售速度比不裝洗碗機的房子平均要快兩個月。這一結果
令住宅建築商感到鼓舞。當所有的新建住房都希望安裝自
動洗碗機時，GE公司生產的自動洗碗機便迎來了「柳暗花
明又一村」的局面。

　　我們可以發現，當公司將洗碗機直接向家庭顧客推銷而效果不
佳時，公司轉而將洗碗機安裝在住宅裡，借助房產銷售賣給了家庭
用戶，結果如願以償。這種借助「第三者」的介入進行過渡思考的
迂迴思維，使GE公司大獲全勝。

## 辯證思維：挫折不見得是一件壞事

　　中國古人就知道用辯證的思維來看問題。老子說：「福兮，禍之所倚，禍兮，福之所伏。」人生在世，就像海水一樣，有漲有落，有起有伏。要想保持一顆平常心，在命運低谷的時候不垂頭喪氣，在春風得意的時候不趾高氣昂，就得學會用辯證的思維來看待萬事萬物。比如說，當面對失敗和困境時，要想到它們也並不都是壞事，就算是危機重重，也是有可能在其中蘊含著轉機的。

　　人生在世，期盼人身安全、工作安穩、生活安定是天性，是本能。雖然每個人都不想遇到危機，但人人都不可避免會有各種各樣的困境。因此，唯一的辦法就是辯證地看待問題，正確對待危機，提高解決危機的素質和本領。無論何人，只有經過拚搏走出危機之後才會發現，自己要比想像中的偉大、堅強、智慧得多。汽車大王亨利·福特在成功之前，因經商失敗，也曾破產過，但他卻說：「其實，失敗只是提供更好的起步機會。」

　　你玩過「大富翁」遊戲嗎？它的發明人達洛是一個失業在家的暖氣工程師。1935年，達洛把遊戲的最初版本寄給一家玩具公司，但公司拒絕了他，因為遊戲裡有52個錯誤。可是達洛並不氣餒，他一再嘗試，一一修正錯誤。後來這個遊戲風靡全球，製造商每年印的大富翁鈔票遠遠超過美國官方每年所印的美鈔。

　　你吃過比薩嗎？1958年，法蘭克·卡納利在自家雜貨店對面經營了一家比薩店，籌措他的大學學費。19年之後，卡納利賣掉3100家連鎖店，總值3億美元。他的連鎖店

叫做必勝客。

對於其他想創業的人，卡納利給他們同樣的忠告：「你必須學習失敗。」他說：「我做過的行業不下50種，而這之中大約有15種做得還算不錯，那表示我大約有30%的成功率。如果你不能確定什麼時候會成功，就必須先學會失敗。」

失敗只是一個過程，並非最終結果。成長是一個「錯了再試」的過程，失敗的經驗和成功的經驗同樣可貴，關鍵是看你能不能用辯證的思維來看待失敗，能不能從失敗的邊緣爬起來，找到通向成功的另外一條路。

美國家居倉儲公司首席執行官伯尼・馬庫斯在年輕時，每次到教堂祈禱，都會許願。一天，在教堂門口，一個老人家問他：「這麼多年，你向上帝許了很多願，實現了幾個？」

他說：「第一年，我許願，希望母親的病好起來，6個月後母親還是去世了；第二年，我許願，希望我能夠在大學入學考試中順利過關，但一場突如其來的病，打碎了我的夢想；第三年，我許願，希望娶一個漂亮的妻子，後來，我娶了一個眼睛較小的妻子；第四年，我許願能有一個兒子降生，妻子生的卻是一個女兒……」

老人家奇怪地問：「那你為什麼每年還來許願？」

馬庫斯說：「我的母親雖然去世了，但是，比醫生估計的多活了3個月，終日有人相伴病榻邊，臨終時，她很滿足；我雖然錯過考試，後來，在一個工程師手下打工，也學到不少實際知識；妻子雖然不漂亮，但很聰明，善於出謀策畫，是我的得力助手；雖然妻子生了一個女兒，但

是她乖巧可愛，相信有一天她會找到一個好伴侶。我每年來許願，雖然沒有一個如我所願，但是，每許一個願，就是一個夢的誕生，就有一個希望。每一件不幸的事情發生後，我一定會從好的方面考慮，才能在不幸福的時候也不絕望。」

後來，馬庫斯憑著對「夢想」的渴望與追求，創造了奇蹟。他所創辦的公司由小到大，最終成為擁有近千家分店、十幾萬名員工、年銷售額達數百億美元的世界500強企業。

所以說，只要你懂得如何辯證地看待發生在你身上的厄運，你就可以輕而易舉地戰勝困難，獲得成功，就像愛迪生發明電燈的故事，當他歷經過1999次失敗後，有人問他：「你是否還打算嘗試第2000次失敗？」愛迪生答道：「那不叫失敗，我只是發現哪些方法做不出電燈而已。」試想，有這種積極向上的辯證看待事物的心，有不斷努力的意志，還有誰能阻擋你的前進呢？

的確，經歷就是一筆財富，這筆財富是別人給不了的，也是其他人模仿不來的，更是固守在一個小天地裡得不到的，而人生是由無數次經歷的累積而逐步走向成熟的。只有不斷經歷，不斷嘗試，才能不斷成熟，不斷完善。單一意味著平庸和淺薄，多一份經歷就會多一次磨練，多一次累積經驗的機會。一次經歷就是一份財富，讓你受益終生。

總之，生活的主旋律是磨難與成長，生活的智慧也是逆境轉化的不斷累積。面對生活中的種種失意與挫折，你要學會辯證地看待問題，積極調節自我的心態，練就能屈能伸的功夫。這是人生最大的財富。

## ◎ 差異思維：關注差異，另闢蹊徑

　　眾所周知，事物都是運動的，事物之間也都存在著差異，而利用差異思維創新是一個動態的過程。隨著社會經濟和科學技術的發展，人的需求也會隨之發生變化。昨天的差異化會變成今天的一般化，在商業競爭上尤其是這樣。任何差異都不會永久保持，因此，出路就是只有不斷創新，用創新去適應顧客的需要，用創新去戰勝對手的「跟進」。

　　從前，有一座海島，島上有很多沉積多年的大顆珍珠，可誰也無法接近這座海島，只有棲息在海岸附近的海鳥能飛過去。很多人慕名前來，帶著槍枝，捕殺飛回岸邊的海鳥，因為這種海鳥每到白天都會飛到島上去吃珍珠。時間久了，這種海鳥漸漸地滅絕，即使剩下幾隻也過得膽顫心驚。只要一聞到人的氣息，看到人的蹤影，就會早早逃走。

　　後來，來了一個商人。他在海岸附近買下大片樹林，並在樹林周圍安上柵欄，不讓閒雜人走進。同時，他嚴厲告誡他的僕人，不許在樹林裡捕捉或驅趕海鳥，更不許放槍。於是，當海岸其他地方的槍聲一響，就會有海鳥在驚慌逃竄中不經意闖進他的樹林。時間一長，海鳥都留在他的樹林裡棲息，牠們也因此不必再為安全而戰戰兢兢。等海鳥在他的樹林裡逐漸安定下來後，他開始用各種糧食、果實等做成味道鮮美的食物，撒給這些海鳥吃。海鳥貪吃，吃得很飽，就把肚中的珍珠全部吐了出來。商人再讓

僕人去撿。日復一日，這個商人成了大富翁。

在對待一些問題上，人與人的思維只存在一種看不見的細微區別。但是，差異思維產生的結果，卻有著驚人的差別。這個商人後來之所以能成為富翁，正說明了這一點。

有一個加拿大人，其貌不揚，從小口吃，小時候因病導致左臉局部麻痺，講話時嘴巴總歪向一邊，還有一隻耳朵失聰。儘管有這麼多缺陷，可是他不但不自卑，反而奮發圖強，成了飽學之士，還能在演講時恰到好處地利用詼諧、幽默的語言來彌補自己的缺陷，並不失時機地提高嗓音，以達到理想的效果，最終他成了個頗有建樹的人。

1993年10月，他參加加拿大總理競選。保守黨心懷叵測地大肆利用電視廣告來誇張他的臉部缺陷，然後問道：「你要這樣的人來當你的總理嗎？」但是，這種極不道德的人身攻擊卻招致了很多選民的反感。他泰然處之，毫不避諱自己的身體缺陷，反而博得了選民的極大同情，最終成功地當選加拿大總理，並在1997年大選中再次獲勝，連任兩屆。他就是尚‧克雷蒂安。

克雷蒂安就是這樣一個善於用另外一種眼光來看待自己的人。要記住，只有自己用正常人的眼光看待自己，別人才能用正常人的眼光看待你。人的出身、門第和相貌無法選擇，但我們可以選擇自尊、自信、勇氣和毅力。關鍵是要用差異思維，看清自己，切不可自怨自艾、妄自菲薄。正如一位詩人所說：「揭下你的面紗，別讓你的面紗隱蔽了最後的真理和快樂。」

能用差異思維看世界，是一種心平氣和的領悟，也是一種心安理得的覺醒，更是一種心滿意足的氣質。用差異思維想問題，辦事

情，就是要去關注差異，另闢蹊徑。就是不要總是用自己的凌厲的目光去品頭論足，不要經常性地去否定一些看似不樂觀的事情。因為這樣做，容易對這個世界產生牴觸心理，把本來陽光燦爛的美好很快地抹黑，而致使你對什麼事情都反感。「銳角的眼睛」永遠看不到天地的光明正大，也永遠看不到周圍的海闊天空，更看不到遠方的似錦前程。

透過差異思維，換個角度看世界，是我們生活中的放大鏡，可以時常照亮我們心靈的點滴瑕疵而使得我們能及時洗心革面；是我們生命裡的潤滑劑，可以時常圓潤我們內心的利刺稜角而使得我們賞心悅目；是我們人生的吹風機，可以時常吹散我們視線的迷茫彷徨而使得我們蓄勢待發。

學會用差異思維去看世界，將是「世上無難事，只怕有心人。」從此你不會再抱怨世界的不公平，而是去辛勤耕耘人生的美麗後花園。從差異中找尋勝利前行的出口吧，這個找尋的過程，也會讓你受益終生。

# 逆向思維：反其道而「思」之

白紙上有一個黑點，你想到了什麼？答案至少有一百種：芝麻、蒼蠅、圖釘、汙跡……但這些都是基於黑點之上的聯想，為什麼我們的眼睛總是習慣性地盯住那個黑點，而沒有看到黑點旁邊的那一大片白紙？哲學家告訴我們，任何事物都至少有正反兩面，「橫看成嶺側成峰」，不同的視角決定了我們所能看到的景色。只不過由於日常生活中人們往往養成了一種慣性思維方式，習慣從特定的某一個角度看問題，並認為理所當然。很多時候，就像這個黑點一樣，這種慣性思維束縛和禁錮了我們的思維，使我們陷入自己想像中的「絕境」，看不到其他。這個時候，我們就需要反其道而「思」之，進行逆向思維。

在我們進行逆向思維的討論之前，不妨先想這樣幾個問題：逆向思維有什麼作用？在什麼情況下我們需要逆向思維？是不是只要是「反過來」的就都是值得鼓勵的？逆向思維是不是就是簡單的「逆反」──為逆而逆，為新而新，盲目否定慣性思維只為譁眾取寵？

細心的讀者應該能發現，前面兩個問題我們仍循著慣性思維的思路在進行：用了逆向思維有什麼好處？什麼情況下用逆向思維？而後面兩個問題，則漸漸有些「反其道而思之」的意思了：哪些情況下使用逆向思維是不妥當的，逆向思維「使用過度」會不會導致「矯枉過正」？

其實，逆向思維一點都不複雜。採用逆向思維，有許多成功的關於發明創造的例子：刀削鉛筆，刀動筆不動；採用逆向思維，筆動刀不動，於是就有了削鉛筆機。人上樓梯，人動梯不動；採用逆

向思維，梯動人不動，於是就有了電梯。我們都知道逆向思維，小時候做數學證明題，當從正面證明不可行時，老師總是教導我們可以從反面去證。但是，等到我們步入社會，在處理各種社會關係事務的關鍵時刻，我們卻常常忘了它。

逆向思維的關鍵是擺脫常規思路的束縛。當有時殫精竭慮、百思不得其解時，不妨應用一下逆向思維，逆反事物的過程、結果、條件和位置等進行思考，這種情況下的逆向思維。經常會在瞬間轉換局面，使得懸崖峭壁處峰迴路轉，豁然開朗。也許你就會茅塞頓開，收到意想不到的結果。

電晶體的發明就是逆向思維的產物。在20世紀50年代，世界各國都在研究製造電晶體的原料——鍺。各國的科學家都在試驗怎樣將鍺提煉得很純。日本的專家江崎與助手卻在長期的探索中發現，不管怎樣小心操作，總免不了混入一些雜質。每次測量其參數，都會發現顯示不同的資料。研究就此陷入了僵局，似乎沒有什麼可行的辦法可以使鍺的純度達到理想狀態。

在這樣的狀態下，江崎突發奇想：如果採用相反的操作法，有意地一點點添加進少許的雜質，結果會怎樣呢？結果是意想不到的——經實驗，當將鍺的純度降到原來的一半時，其傳導效果最佳。就這樣，反其道而「思」之，一種極為優異的半導體就誕生了。

所以說，在山窮水盡之時，不妨如江崎一般反過來想想，或許你會茅塞頓開，很多正常思維不能解決或是難以解決的問題就這樣迎刃而解了。

那麼，在沒有達到「山窮水盡」、「無從著手」的時候，逆向思維是不是就沒有用武之地了呢？倒也未必，有時一些正常思維雖

能解決的問題，如果我們在思考的時候加入一些逆向思維，在逆向思維的參與下，其過程也可以大大簡化，成功率可以加倍提高。

可以說，正思與反思就像飛翔的一對翅膀，不可或缺。習慣於正向思維的人一旦得到了逆向思維的幫助，就像戰爭的統帥得到了一支奇兵。例如從最終目標出發倒回來進行逆向思考，就能獲得前進的路線，大大提高成功率。

瑞士手錶商Swatch就是透過這樣的思維方式獲得了比世界上其他手錶製造商低30%的成本。一般企業的價格策略制定都是正向從自身的製作程序出發，先計算出自己的成本是多少，而後再在成本的基礎上加上預期利潤，銷售價格就這麼出來了。但是Swatch的總裁尼可拉斯‧海克設立的戰略價格項目組卻從價格開始反向研究。

那時，日本和香港生產的廉價（約75美元）、高精度石英錶正在奪取大眾市場。經過調查，這個專案組認為40美元是最有競爭力的一個價格，一來人們可以買好幾只Swatch錶作為飾品。其次，如此的低價也使得日本和香港的企業無力抄襲Swatch並把它賣得更便宜，因為那樣就沒有利潤空間了。

必須以如此的價格銷售Swatch，一分也不能多。於是，接下來的工作便是從價格反向研究，直到達成目的。為了實現這個目的，Swatch必須對產品的生產方法做重大改變：傳統的金屬和皮革被塑膠取代，手錶內部的機械零件也經改良，從150個減到50個，最後，工程師又開發了新的、更便宜的組裝，例如錶殼由超音波焊接在一起，而不是用螺絲固定。設計和製造的變化結合在一起，使得Swatch的直接人工成本從總成本的30%降到10%。

這些成本創新塑造了一個難以戰勝的成本結構，使

Swatch可以贏得大眾錶業市場且獲取利潤。過去，這個市場都是由擁有廉價勞動力的亞洲製造商統治的。而Swatch從價格這個最終目標出發倒過來進行逆向思維，最終收穫了成功的果實。

事情就是這樣巧妙，無論是創業還是就業，有時反過來想想，開拓思路，勇於創新，把對事物「理所當然」的認識倒過來思考，就很容易在激烈的競爭環境中脫穎而出。當所有的競爭者為慣常的思維方式所限都朝著一個「當然的」方向，用一種「正向」思路前進時，你反過來進行逆向思考，這便是你的優勢了。千萬不要小看這一簡單的「反」，很多機會就是這麼被發現的，很多財富也就是這麼創造出來的。

## ◎ 同理思維：站在別人的角度思考

可以說，換位思考是一種非常有益的思維技巧。

所謂換位思維，其實就是換一種立場、一種視覺或一個角度看待生活中的各種事物，這樣可以使我們做出在平時慣常思維下不一樣的選擇。可以說，透過換位思考，可以瞭解到別人的心理需求，感受到他人的情緒；透過換位思考，可以讓人揣摩到對方的心理，達到說服對方的目的；透過換位思考，可以讓人欣賞到他人的優點，並給予對方真誠的鼓勵，使人際關係和諧友好；透過換位思考，領導者可以得到下屬的擁護，下屬可以得到上級的器重。

換位思考是人對人的一種心理體驗過程，是達成理解不可缺少的心理機制。生活中我們常會說到一句話叫「將心比心」，就是設身處地將自己放在對方的位置，用對方的視角去看待世界。這對我們每個人都是很有用的。如果每個人都能抱著這種心態去處理問題，現實中將會少去許多紛爭，增添許多美好，也會使我們的人際相處更和諧。溝通心理學的技巧之一就是換位思考，才能瞭解更多。

　　大象波佐是倫敦一家馬戲團的台柱，一向性情溫順。可是近期卻一反常態，變得煩躁起來，更糟的是牠竟然襲擊了飼養員。貪婪的團主決定對牠進行公開處決，以此在波佐身上再撈一筆。

　　公開處決的那天，馬戲團人山人海，好像所有的人都想看這龐然大物如何喪命槍下。然而，就在處決時間要到的時刻，一位身材矮小的中年男子走上舞台，對團主

說：「只要讓我走進去跟牠說幾句話，你們大可不必處死牠。」團主將信將疑，考慮再三後決定讓男子寫下後果自負的保證，隨後做出應允。

　　男子在眾多目光的注視下從容地走近波佐。大象見陌生人走近，馬上擺動鼻子以示警告。男子也不慌張，開始說話。所有的人都靜靜的聽著，然而即使是靠舞台最近的人也聽不懂男子的呢喃，只知道他在說一種外語。再看波佐，先前的警惕已經不在，此刻變得溫順而可憐，像個受了委屈的孩子。台下有人鼓掌，接著，雷鳴般的掌聲在人群中爆發了，歡呼聲響徹上空。

　　團主又驚又喜，細問男子緣由。男子笑著說：「這是一隻印度象，習慣聽印度語，你們說的話牠聽不懂，當然會變得煩躁不安。」

故事結束了，它告訴我們，人們總是用自己的語言對別人說話，完全不管他能否理解、接受。其實，我們應該更多的站在對方的角度，用對方熟悉的語言來跟他說話。這個世界是理性的、冷靜的、邏輯的，不符合這類標準就會受到冷落、打擊及制止，換位思考在為人處事中是非常重要的，因為不瞭解對方的立場、感受及想法，我們就無法正確地思考與回應。

　　英格麗‧褒曼在獲得了兩屆奧斯卡最佳女主角獎後，又因在《東方快車謀殺案》中的精湛演技獲得了最佳女配角獎。然而，在她領獎的時候，她不停地讚揚與她角逐最佳女配角獎的弗倫汀娜‧克蒂斯。認為真正獲獎的應該是對方，並由衷地說：「原諒我，弗倫汀娜，我事先並沒有打算獲獎。」

　　褒曼作為獲獎者，沒有大談特談自己的成就與輝煌，

而是對自己的競爭對手推崇備至，極力維護了對手的面子。相信無論這位對手之前有何失落，都會非常感激褒曼，都會把她當作知心的朋友。一個人在他獲得榮譽的時候，如此地善待競爭對手，能如此地安慰並理解競爭者，實在是一種文明典雅的風度。

在人際交往中，每個人都希望對方重視自己的感受，由此及彼，不妨在交談中多從對方的角度出發，為對方多考慮一下。透過換位思考讓自己瞭解對方更多，這樣對方就會覺得自己受到了重視，那麼，彼此之間的關係就會變得輕鬆愉快。

撰寫過很多本世界級暢銷書的卡內基，曾遇到過這麼一件事：有一次，卡內基租用某家大禮堂來講課，但對方提出要增加3倍的租金。卡內基與這家經理交涉說：「我接到通知，有點驚訝，不過這不怪你。因為你是經理，你的責任是盡可能獲得利潤。」

緊接著，他為經理算了一筆帳：「將禮堂用以舉辦舞會或晚會，當然會獲得極大的利潤，但你攆走了我，也等於攆走了成千上萬有文化的中層管理人員，而他們光顧貴處，是你花錢也買不來的活廣告。那麼，哪樣更有利呢？」就這樣，經理被他給說服了。

卡內基之所以能受善地解決這個問題，就在於他分析利弊時是站在經理的角度，使經理把心理天平上的砝碼放到了卡內基這一邊。汽車大王福特也說過這樣一句話：「假如說我真的有什麼成功祕訣的話，就是設身處地為別人著想，瞭解別人的態度和觀點。」

站在他人的立場上分析問題，能給他人一種為他人著想的感覺。換位思考的溝通方式是溝通心理學非常重要的內容之一，作為

現代的社會人士，如果掌握了這種換位思考的溝通交流方式，就等
於掌握了成功的砝碼。

## ◉ 創新思維：成功的核心與關鍵

　　創新是一個永遠也不會過時的討論話題，它是一個國家、一個民族、一個企業興旺發達的不竭動力。在當今社會，需要的就是充滿生機和活力的人、有開拓精神的人。可以說，一個人的創新思維在無形之中就能激發人的主體性、能動性、創造性的進一步發揮，從而使人自身的內涵獲得極大的豐富和擴展。

　　這樣，當你遇到解不開的疑難問題時，就不會選擇退縮，而是果敢地採取主動出擊的方式加以解決。或許有的時候選擇解決問題的方式帶有一定的冒險性，但有創新思維的人還是會願意去嘗試，而絕不是徹底地放棄或者墨守成規。

　　　波特是諾基亞公司手機研發部的員工。研發部不像生產部和銷售部，沒有什麼硬性指標，薪水卻比其他部門拿得還多，但他每天都不是很開心。有同事忍不住就問他，波特說：「我是在想，我們整天坐在研究室裡，除了完成上面派給的任務，改進一下機型外，就什麼事也不做了，總提不出新的創意，我倒是覺得不好意思。」

　　　「嗨，現在諾基亞手機已經是世界著名品牌了，不管是技術性能還是外觀形象，早都深入人心，還上哪裡去找創意？」同事們都這樣勸他。但波特還是暗下決心：「一定要讓諾基亞在自己的開發下有一個質的飛躍。」有了這個非同一般的目標後，波特更是寢食難安，每天除了完成公司下達的任務，滿腦子就都是考慮如何讓諾基亞更符合消費者的需求。

有一天，在地鐵裡他有了一個驚人的發現：幾乎所有的時尚男女都配帶著手機、相機和袖珍耳機，這給了他很大的靈感：「能不能把這三樣最時髦的東西組合在一起呢？果真如此，不是既輕便又快捷嗎？」第二天他馬上找到主管，對他說：「如果我們在手機上裝一個攝影鏡頭，讓人們在收聽音樂的同時，把自己所能見到的所有美好事物都拍攝下來，再發送給親友，那該是多麼激動人心的一件事啊！」主管被他的創意驚喜得高聲叫道：「做的好啊！波特！我們馬上就著手研製！」

　　這種具有拍攝和收聽音樂功能的手機很快研製成功，它剛一推向市場，就大受青睞。波特不但實現了自身的價值，而且也得到了應有的獎賞。更重要的是，在實現目標的過程中，波特得到了從未有過的快樂。

　　當今時代雖然瞬息萬變，但機會卻像空氣一樣，時刻在我們身邊流動。假如波特聽從了同事們的勸告，不再帶著一種創造性的眼光看問題，不再用創造性的思維工作，也就不會有我們今天這麼時尚便捷且功能豐富的手機。再或者被別的手機生產廠家搶佔了先機，也就不會成就今天這個手機業的絕對霸主諾基亞，更別談波特自己的成就了。

　　成功永遠屬於不畏失敗、勇於創新的人。那些過分謹慎保守的人做事雖然沒什麼風險，但碰到的機會同樣比較少，注定了他們在生活中也是平庸之輩。而對於那些果敢的人來說，當他們遇到問題時，總是勇於全力以赴，積極尋找新的解決辦法。

　　有創新性思維的人之所以能取得非凡的成就，也就在於他們能在困難面前不故步自封，敢於和善於尋找新思路，把自己引向一片新的天空。

　　有創新思維的人，通常都是不滿足於現狀的。而滿足現狀，往

往就是停滯不前和驕傲自滿的前奏。它的滋生和蔓延，會在一些人中不知不覺地豎起一道屏障，攔住他們繼續前進的腳步，使本該更加出色的這些人淪為平庸之輩。

拿在工作中為例，我們難以否認這樣一個事實，隨著工業化生產的不斷深入，經濟全球化、一體化的不斷發展，各個現代企業的生產、銷售、營運方式已越來越趨向流水化、單純化。這的確是導致部分員工沒有高昂的工作熱情的原因之一。但是，如果你不能適應這樣的環境，不瞭解企業運作的各個環節，又如何做好一名稱職的優秀員工呢？

在這種情境下，只有機械的服從是不夠的，還要積極地去改變，去創新，從單調的工作中去發現和創造出人頭地的機會。只有用積極的心態定位好自己的角色，才能在現代的職場競爭中立於不敗之地，也才能使你成為優秀員工，甚至是公司的高層領導。所以，不要再墨守成規，也不要畫地自限，去尋找一切工作的機會，自動自發，超額圓滿並且創造性地完成上司交給你的每項任務吧，在這個過程中你會發現，其實工作也可以很快樂。

## 第 **7** 章

# 為人處世的高手不可缺少的10個關鍵思維

　　做人難，做成功的人更難。人生在世幾十年，每天少不了的就是和人打交道。與人相處，既要贏得他人的尊重信賴，讓他人能在關鍵時刻挺身相助；又要提防他人的明裡嫉妒，暗地中傷。可以說，能笑到最後的，絕對都是善於交際、處事周全的人。要想獲得成功，就得小事講風格，大事講原則；就得低調做人，高調做事；就得樹立個人品牌、一諾千金。要想成為為人處世的高手，就得掌握這十個關鍵思維。

# ◎ 低調思維：不張揚才能保護自己

有一位現已年逾七旬的低調「窮人」。他自己開車，衣服總是穿到破；最喜歡的運動不是高爾夫，而是橋牌；最喜歡吃的不是魚子醬，而是玉米花。香港人常愛談論豪宅，他住的是在1957年用3.1萬美元買下的內布拉斯加州房子。

50多年來，他一直住在奧馬哈的這一幢房子裡。灰色粉刷的外牆無形中也反映出他的處事態度非常低調。有趣的是，他所居住的地區還被當地政府列為「有損市容」的地方。在香港出差時，他還用旅館贈送的優惠券去買打折的麵包。

當他已是億萬富翁時，誰也不會相信，他那剛剛當上了媽媽的寶貝女兒臥床在家，只能看自己的小黑白電視機。他答應出資為兒子買個農場，但同時聲明，必須每年按合同規定繳款，否則立刻收回。

如今，在大多數時間裡，他深居簡出，隱居在奧馬哈的家中，除了家人，連個助手都沒有。他的傭人兩週才來一次。他創辦的伯克希爾公司，儘管富可敵國，但全體員工僅有11人，沒有諸如門衛、司機、顧問、律師之類的職位。不愛拋頭露面，不喜歡張揚個性，生活方式保持低調，他把自己的生活準則描述為「簡單、傳統、節儉」，而這六個字正恰如其分地反映了他低調做人的思維。

他認為，財富來自社會，早晚應當回報於社會。他告誡兒女不要期望在他身後獲得鉅額遺產，因為他不想讓他們坐享其成，更不想讓他們毀於擁有不勞而獲的財富。2006年，他將自己財富的一半以上，約300億美元捐給了比爾·蓋茲及其妻子建立的「比爾與梅琳達·蓋茲基金會」。

就是這樣一個人，由於自己的低調和慷慨，深受全世界人民的推崇和喜愛，他的朋友包括美國前總統布希、GE公司前CEO傑克‧韋爾奇以及眾多商界菁英和影視明星等等。在投資決策方面，這些好友不斷給他提供有用的資訊，他的公司是美國最賺錢的公司之一。他就是華倫‧巴菲特。

　　為人處世要學會低調。低調做人既是一種姿態，也是一種風度、一種修養、一種品格、一種智慧、一種謀略、一種胸襟。低調做人就是用平和的心態來看待世間的一切。低調做人，更容易被人接受。一個人應該和周圍的環境相適應，因為適者才能生存。曲高者，和必寡；木秀於林，風必摧之；人浮於眾，眾必毀之。只有低調做人才能有一顆平凡的心，才不至於被外界左右，才能夠冷靜、務實，這也是一個人成就大事的最基本的前提。山不解釋自己的高度，並不影響它聳立雲端；海不解釋自己的深度，並不影響它容納百川；地不解釋自己的厚度，但沒有誰能取代它承載萬物。

　　諸葛亮說：「非淡泊無以明志，非寧靜無以致遠。」在低調中修練自己，無論在官場、商場還是政治軍事鬥爭中，都是一種進可攻、退可守，看似平淡，實則高深的處世謀略。有位在美國留學的中國學生，就是採用這種方式，求職時先放低自己的姿態，從普普通通的程式輸入員做起，一步一步地攀上了事業的高峰。

　　有這樣一個寓言故事：兩隻大雁與一隻青蛙成了好朋友。秋天來了，大雁要飛回南方，牠們希望青蛙與其一道返回南方。青蛙靈機一動，讓兩隻大雁銜住一根樹枝，然後自己用嘴銜在樹枝中間，三個好朋友一起飛上了天。

　　地上的青蛙們見此情景都羨慕地拍手叫絕，問：「是誰這麼聰明想到了這麼好的一個辦法啊？」那隻青蛙生怕錯過了表現自己的機會，於是大聲說：「是我……」話還沒說完，便從空中狠狠地摔了下來。

在日常少生活中，能深藏不露，韜光養晦，是智謀。過分地張揚自己，反而會經受更多的風吹雨打。財大不可氣粗，居功不可自傲。盛名之下，其實難副，在積極攀登巔峰的時候，不妨學學知足常樂的情趣，捕捉中庸之道的精義，使生活步調快慢均衡，不要陷入過度偏激的生活陷阱之中。

人是應該自信的，但自信是建立在一定的能力基礎之上的，倘若沒了這個基礎，那就變成自負了。自負就是自以為是、目空一切、剛愎自用，就會讓人失去躬身實踐的良好心態，從而讓理想和一腔熱血在虛幻中淪落。

為人應該是不張揚的。即使取得了一點成績，也別忘記是「站在巨人肩膀」上的結果。飽滿的穀穗總是低著頭，不事聲張，只有穗中虛空的才昂首挺立，傲視同類。每個人的人生都會有一定的高度，這個高度到底有多高，完全取決於你的努力，取決於你的行動，取決於你的意志品質，絕對不會因為你的自負，你的得意而提高。只要你努力，就會不斷超越自我，創造一個又一個的人生高峰。創造了高峰以後，又要把它當作起點，低調一些，這樣才不至於在這個浮躁的年代迷失方向，迷失自我。

「兵強則滅，木強則折。」低調思維，是為人處世必備的思維方式。如果你很有才華，在某些方面又有一技之長，請不要急於露出鋒芒；如果你只是一個普通人員而不是一位高級主管，那就更不能鋒芒太露。

三個射箭手，一個具備百發百中的實力，一個具備十發九中的實力，一個只有十發五中的水準，讓這三個人角逐，最後只允許一個人生存下來的話，誰將是生存者？

肯定會有許多人說百發百中或是十發九中的人能活下來。但是，做人的「潛規則」會告訴你，那個十發五中的射箭手會安然無恙地生存下來。因為，人要想生存下去，必須行事低調。

有人喜歡激昂，覺得這是一種英雄的壯美。項羽垓下被圍，四面楚歌時，依舊不承認失敗，只是抱怨上天對他的不公；荊軻刺秦王，明知前路凶多吉少，卻依然「風蕭蕭兮易水寒，壯士一去兮不復返」。而最終，他們都失去了寶貴的生命，再也沒有重新來過的機會。

　　所以說，做人要低調，低調更是一種氣質，像一杯清茶，一抹幽香，只要你細細品味，就能發現其中的奧妙。而且，低調能夠實現激昂實現不了的目標：越王勾踐臥薪嚐膽二十年，滅了吳國雪洗恥辱；司馬遷受了宮刑，忍辱偷生苟延殘喘，歷時十六載，終成「通古今之變，成一家之言」的《史記》，從而昭彰史冊。所以我們可以這樣說：只有低調做人，才會有真正的人生。

　　當今社會，愛張揚、愛出風頭的人有很多。但張揚一定要注意一個度，要適可而止。有些人為了能出名會不計後果，只要能引起重視，讓人們都知道他，便用盡各種手段來炫耀自己。俗話講：「木秀於林，風必催之」、「病從口入，禍從口出」。在社會生活中，一個過分張揚的人，必然會惹來別人的嫉妒和不滿，為自己樹敵，將自己置於不安全之地。

# ◎ 原則思維：不要隨便打破自己的底線

在當今時代，做人、做事都要講原則。沒有原則，忘記原則或者放棄原則，都是很危險的。我們應當看到這一點，成功者之所以成功，很大程度上是他們對規律進行探索與遵從原則的結果。小聰明的邏輯是「以成敗論英雄」，而不是以原則論英雄。可問題在於，如果個人的成功不是建立在公平競爭這些原則之上，那麼，無論你賺了多少錢，無論你得到多少利，無論你有多大的名，都不是真正意義上的成功。

什麼是原則？原則就是一個人說話或行事所依據的法則或標準，是做某件事或解決某個問題或在某個領域裡不可缺少的禁止性規定。所以，我們做人不能沒有原則。沒有了做人的原則，也就沒有了衡量對錯的尺度，如果自己都不知道哪些事該做，哪些事不該做，那麼，你就很容易誤入歧途。有人拿「人在江湖，身不由己」來為自己的不講原則開脫，實際上，一個人越是成功，越要承擔應該擔負的責任。原則是處世之本，這個原則不能因親情的存在或個人的好惡而妥協或放棄。

在一個寒冬的夜晚，有位阿拉伯人正坐在自己的帳篷中。外面是呼嘯的寒風，裡面則比較暖和。過了一會兒，門簾被輕輕地撩了起來，原來是他的那頭駱駝，牠從外面朝帳篷裡看了看。

阿拉伯人很和藹地問牠：「你有什麼事嗎？」駱駝說：「主人啊，外面太冷，我凍得受不了。我想把頭伸到帳篷裡暖和暖和，可以嗎？」仁慈的阿拉伯人說：「沒問

題。」於是，駱駝就把牠的頭伸到帳篷裡來了。

　　過了不久，駱駝又懇求道：「能讓我把脖子也伸進來嗎？」阿拉伯人想了想，覺得反正也佔不了多少地方，便又答應了牠的請求。駱駝把脖子也伸進了帳篷。牠的身體在外面，頭很不舒服地搖來搖去，很快地牠又說：「這樣站著很不舒服，其實我把前腿放到帳篷裡來也就是佔用一點地方，我也可以舒服一些。」

　　阿拉伯人說：「說得也對，那你就把前腿也放進來吧。」阿拉伯人挪動一下身子，為駱駝騰出一點空間來，因為帳篷實在是太小了。

　　又過了一會兒，駱駝又搖晃著身體說：「其實我這樣站在帳篷門口，外面的寒風吹進來，你也和我一起受凍，我看倒不如我整個站到裡面來，我們都可以暖和了！」可是帳篷實在是小得可憐，要容納一人一駱駝是不可能的。但是，主人非常善良，他說：「雖然地方小了點，不過你可以整個站到裡面來試試。」不料駱駝進來的時候卻說：「看樣子這帳篷是容不下我們兩個的，你身材比較小，最好站到外面去。那樣，這個帳篷我就住得下了，而且空間能被充分利用。」駱駝說著，就將主人擠了出去。

　　相信很多人進入社會後，都有這麼一種感覺，為人處世要有明確的原則。只有原則界定清楚了，做人做事才會更有方向感，才會更清楚自己到底應該做什麼和怎樣去做。做人毫無原則的人總是沒有自己的主見，總怕得罪人。這是非常不明智的。而有原則的人，在他人眼裡總是可靠成熟和富有魅力的，所以，這樣的人活得最輕鬆，還往往會被賦予重任。

　　總之，做人不能沒有原則，不講原則的人就像沒有根的浮萍，沒有定性的牆頭草，遇事無法堅定立場，待人無法始終如一。學習

好「原則思維」，是走向成熟人生的一道里程碑。

## ◎ 成人思維：告別幼稚，擁抱成熟

　　我們身邊有才華的人有很多，可為什麼我們卻覺得成功人士這麼少呢？因為這些有才華的人離成功還有一段距離，因為此時的他們可能還不夠成熟。有的人，他每天都讓自己有所成長，也確實很有才華，可就是不成熟。那麼，何謂成熟呢？

　　成熟就是看一個人的處世哲學。有人說：「一個人的成功85%是靠人際關係，15%是靠專業知識」。不管這個說法是否正確，至少說明了人際關係對成功的重要性。因為一個不成熟的人，他是很難處理一些突發性的事情，解決一些複雜的人際關係的，所以，這種有才華而不成熟的人往往是別人利用的對象。不是他們的能力不行，也不是他們願意這樣做，而是他們對社會瞭解太少，對人性瞭解太少。雖然他們有才華，但是人很幼稚，不夠成熟。

　　有人說，所謂成熟，就是心智的穩定，就是圓融的處世，就是原則的堅定，就是情感的豐富，就是自我的肯定，就是對他人的包容，就是永無止境的虛心學習，就是關愛家人和社會，就是守住良知和正義。一個人可以不成功，但不能不成熟，可以說，成熟是走向成功的前提和基礎。


　　紐約的麥哈尼專門經銷加工石油所使用的特殊工具。一次，他接受了長島一位重要主顧的一批訂單，圖紙呈上去，得到了批准，工具便開始製造了。

　　然而，那位買主同朋友們談起這件事時，卻被告知自己可能是受騙了。於是，他打了一通電話給麥哈尼先生，發誓不接受已經在製造的那一批器材。

　　「我仔細查驗過了，確知我方無誤。」麥哈尼先生事後說：「我知道他和他的朋友們都不知所云。可是我覺得，如果這樣告訴他將很危險。於是我到了長島打算面談。當我走進辦公室時，他立刻跳起來，一個箭步朝我衝過來，話說得很快。他顯得很激動，一面說一面揮舞著拳頭，竭力指責我和我的器材，而我卻耐心地聽著。最後他說：『好吧，你現在打算怎麼辦？』」

　　「我心平氣和地告訴他：我願意照他的任何意見辦。我說：『您是花錢買東西的人，當然應該得到適合使用的東西。可是總得有人負責才行啊！如果您認為自己是對的，請給我一張製造圖紙，雖然你們已經花了錢，但我們可以不提這筆錢。為了使您滿意，我們寧可犧牲這筆錢。但我得先提醒您，如果我們照您堅持的作法製作，您必須負起這個責任，但如果您放手讓我們照原定的計畫進行，我相信，原計畫是對的，我們可以保證負責。』他這時平靜下來了，說：『好吧！照原計畫進行。但要是錯了，就讓上天保佑你吧。』結果，並沒有出現差錯。於是他答應我，本季還要向我們訂兩批相似的貨。」

　　「當那位主顧指責我，在我面前揮舞拳頭，而且還說我外行的時候，我要維護自己而又不同他爭論，真需要有高度的自制力。的確，我們常常需要極度的自制，因為要是我說他錯了，開始爭辯起來，很可能要打一場官司，導致感情破裂，損失一筆錢，還會失去一位重要的客戶。所以，我深信，用這種方法來指出別人的錯誤，是划不來的。」

　　這就是成熟。成熟的思想幫我們擺脫幼稚的行為，讓我們擺脫爭吵，在理智中維護自己的利益。

總之，一個人要獲得成功需要經歷四個過程：成長、成才、成熟、成功。因為只有成長才能成才，只有成才才能成熟，只有成熟才能成功。對於這四個過程，有的人也許十幾年就經歷過了，而有的人幾十年也沒有完成這個過程。所以有的人年紀輕輕大有作為，而有的人活了一生卻碌碌無為。我們很少會聽到有人評價另外一個人說：他不成功，但我們經常會聽到人們評價另外一個人說：他還不夠成熟。相對於成功而言，成熟更加表象化，更易於標識，假如一個人漂浮不定，沒有成熟的定性，那麼這種人也注定了一生不會有多大的成就。

　　成熟不是想成就成的，它需要你在家庭裡、學校裡、社會裡經過無數大事、小事、快樂的事、痛苦的事中磨練、思考、改正、再思考才能形成的一種外在的氣質。

　　　在法國巴黎大劇場內，數萬觀眾靜靜地注視著厚厚的玫瑰紅天鵝絨布幕。今晚，這裡要上演莎士比亞的名劇《奧賽羅》，而且，扮演劇中男主角奧賽羅的是法國著名演員菲力浦。大幕徐徐拉開，菲力浦身穿一身中世紀騎士戎裝登台亮相。

　　　觀眾們突然驚訝起來：「咦，奧賽羅是摩爾人，皮膚很黑，這位大明星臉黑如漆，手卻白白的。」觀眾們開始嘰嘰喳喳地議論開了。菲力浦低頭一瞧雙手，不由得暗叫糟糕，剛才因為參加宴會，回來晚了，化妝時竟忘了將雙手塗上黑色油彩。

　　　畢竟是經驗豐富的大明星，菲力浦打定主意不慌不忙地將戲一路演下去，一直演到中場休息。進入後台，菲力浦俐落地取來黑色油彩，將雙手塗抹成一片黑亮，然後戴上一副潔白的絲質手套。菲力浦重返舞台了，但仍是黑臉、白手的模樣。這下，衝動的觀眾們再也不買大明星的

帳了，低低的議論升級為嘲笑聲、哄鬧聲。

菲力浦似乎沉浸在自己的角色之中，沒有理會台下的起哄。他搓搓雙手，說出劇中的一段台詞：「真急死人了，小德蒙娜怎麼還不來？外面的風真大，會不會是海風將這美人乘的船攔在海上？對！要派個人去看看！」他邊說邊自然地摘下了手套，露出了一雙墨黑的手。

所有的觀眾都大吃一驚：劇中的奧賽羅原來是戴了白手套，噢——剛才竟然想錯了，菲力浦怎麼會出這個差錯呢。劇場裡頓時掌聲如雷。

成熟不僅是年齡的成熟，更是做事成熟。成熟的人做事縝密，處變不驚。一個成熟的人，會在考慮到自己的時候也切身感受到別人的需要，能盡量設身處地地為他人著想。既贏得別人的尊重，也贏得自己的美名。

告別幼稚，擁抱成熟，我們可以坦蕩地做自己的選擇，走自己的人生。我們可以一身豪氣，大義凜然，不在乎別人的眼光。我們可以用成熟作為最大的籌碼，放在命運的天平上，和成功進行一番衡量，說不定，最後獲得成功的那個人就是你。

## ⊙ 品牌思維：樹立自己做人的品質

美國管理學者華德士有一句被廣為引用的話：「21世紀的工作生存法則就是建立個人品牌。」他認為，不只是企業、產品需要建立品牌，個人也需要建立品牌。這句話的廣泛流傳也說明了個人品牌已經為人們所重視，品牌思維已經越來越成為一種重要的思維方式。

有種說法，現在個人工作的年限要比企業的壽命還長。據調查，大企業的平均壽命是35年，而剛創業的企業80％的壽命不超過5年。在這種情況下，大部分職場中人往往要面臨重新選擇企業和職業的問題，而有了個人品牌，就會有工作保障。

在這個競爭越來越激烈的時代，不論在什麼樣的組織裡面，要讓人們認識你、接受你，首先你要做到充分表現自己的能力。倘若你埋頭工作卻不為人所知，你的傑出表現就會被埋沒，因此可以說，個體的價值被人認知十分重要。要想推動個人成功，要想實現人生理想，每個人都需要像那些明星一樣，建立起具有自己鮮明個性的個人品牌，讓大家都真正理解並完全認可，只有這樣，才能擁有持續發展的事業。當然，成功的個人品牌打造不是一蹴而就的，必須循序漸進地發展，這需要目的清晰、步驟明確、管理有方，還需要品牌背後的個人不斷履行品牌的承諾。那麼，究竟該如何培育品牌的種子，讓它順利地開花結果呢？

建立個人品牌首先要進行品牌定位。弄清楚你擅長什麼，想要什麼，你的價值在哪裡等問題非常重要。每個人都有他內在的精華，建立個人品牌的首要步驟就是觀察自己，發現自我亮點，找出你自己獨有的個性、特長或優勢，然後把自己的個性、激情、經歷

都融入到品牌塑造中去。

　　喬‧吉拉德出生在美國一個貧民家庭。為了貼補家用，他從懂事時起就開始擦皮鞋，做報童，然後又做過洗碗工、送貨員、電爐裝配工和住宅建築承包商等等。35歲以前，他只能算是一個全盤的失敗者，朋友都棄他而去，他還欠了一身的外債，連妻子、孩子的基本生活都成了問題。同時，他還患有嚴重的口吃，換過40多個工作仍然一事無成。後來喬‧吉拉德找到一個職業規劃師，規劃師認為他最適合做推銷工作。喬‧吉拉德聽從了建議，他開始賣汽車，步入推銷生涯。

　　剛開始接觸推銷時，他反覆對自己說：「你認為自己行就一定能行。」他相信自己一定能做得到，於是以極大的專注和熱情投入到推銷工作中，只要碰到人，他就把名片遞過去，不管是在哪裡，他抓住一切機會推銷他的產品，同時也推銷自己。經過努力，他成為全世界最偉大的推銷員。誰能想到，這樣一個不被看好，而且還背了一身債務、幾乎走投無路的人，竟然取得了如此出色的成績呢？

　　吉拉德將自己定位在推銷員的崗位上，這正是他適合的、熱愛的工作，所以才能迅速在這一行嶄露頭角，一鳴驚人。所以說，要成就你自己，就要知道自己能做什麼，你的優勢是什麼，否則就難以發揮自己的所長。如果置自己的優勢於不顧，認為自己能為所有的人做所有的事，那你在生活中一定找不準自己的位置，也就不可能真正展現你的價值。

　　假如你要做一名優秀的財務人員，這就是你對自己的定位，在這個位置上，你不僅要處理好人際關係，熟悉相關的業務情況，更

重要的是你必須全心全意認真對待你的專業技能，因為這才是你的價值所在，是你安身立命的根本。可以說，找到了你的最佳位置，就等於你的才華有了施展的舞台，英雄有了用武之地一樣。

在當代社會，只有像喬·吉拉德一樣給自己定位，找到自己的最佳位置，才能最大限度地發揮自己的潛力，激發身上一切可以調動的積極因素，並把自己的優勢發揮得淋漓盡致，從而打造屬於自己的獨特的個人品牌，獲得成功。一個人不可能面面俱到，每個人都有各自的優點和缺點，需要認真對待的是要確定自己的長處。你要成為你自己，與其費盡心機地改變自己的短處，還不如努力把自己的特長發揮到極致，塑造獨有的個人形象。

每個人都要在人生發展中不斷發現自己的特色，這也是個人的品牌特徵。香港特首曾蔭權幾乎從不繫領帶，獨鍾領結，據說擁有一百多款各式領結。不同花色、不同樣式的領結讓他看起來頗具英倫紳士風範，而他自己也透過刻意強調，使得他的形象讓人過目難忘；靳羽西的髮型多年來極少變化，簡簡單單的一款髮型透過不斷強調，已成為她個人品牌的重要標誌。法國巴黎拉·維耶酒店的女主人也有自己獨特的品牌魅力，66歲的女主人沒有設計任何菜單，人們甚至不需要點菜。女主人會告知你該吃什麼東西，不該吃什麼東西，如果她知道你在減肥節食，她就不會向你推薦高熱量、高蛋白的食物。沒有菜譜、為你量身定做絕佳美味，女主人獨特的個人魅力吸引著南來北往的客人，世界各地的美食愛好者到訪巴黎時常常會慕名而來。

可以說，社會上的每個人，都有自己的角色定位，都有自己的影響範圍。個人品牌是每個人都應該注重的，因為它是實現個人價值的良好途徑。無論你是天之驕子，還是滿面灰塵的打工仔；無論你是才高八斗，還是目不識丁；無論你是大智若愚，還是胸無點墨，如果沒有找到自己的位置，一切都會徒勞無功。找到了適合自己的「品牌」，英雄才有用武之地。

## ◉ 誠信思維：信用是無價之寶

　　做事先做人，一個人無論成就多麼大的事業，人品永遠都是第一位的，而人品的第一要素就是誠信。誠信是一種美德。古今中外無不重視誠信。俗話說：「人無信不立」，沒有誠信的人是很難在這個世界上立足的。沒有誠信，不守信用，有時可能逞一時之快，但最終必會被唾棄，只有誠實守信的人才會被世人所喜歡和接受。

　　在人的交往中，如果需要一種長遠的良好狀態，就必須講誠信。然而，由於人都有逐利和自私的一面，很多人為了個人利益以及其他的一些原因，造成了人的失信，甚至有人說現在是一個失信的社會。人與人之間產生了一種相互的猜疑、提防，不敢去敞開胸懷來接受別人。其實，「一諾千金，誠信做人」這已經是我們談論過無數次的話題，也是當今社會需要思考的一大問題。隨著經濟的不斷發展，人們的觀念也在不斷地變化，可有一點卻是不變的，那就是信用是無法衡量的寶物。

　　英國著名的小說家瓦爾特‧史考特是一個誠實守信的人，雖然他很貧窮，但是人們都很尊敬他。史考特為人正直，他的一個朋友看見他的生活很困難，就幫他開了一家出版印刷公司，可是他不善於經營，不久就倒閉破產了，使原本就很貧窮的他又背上了六萬元的債務包袱。

　　史考特的朋友們商量，要湊足夠的錢幫助他還債，但史考特拒絕了，他說：「不，憑我自己這雙手，我能還清債務。我可以失去任何東西，但唯一不能失去的就是信用。」

為了還清債務，他像拉板車的老黃牛一樣努力工作。他的朋友們都非常佩服他的勇氣，都說他是一個真正的男子漢，是一個正直高尚的人。當時的很多家報紙都報導了他的企業倒閉的消息，有的文章中充滿了同情和遺憾。他把這些文章統統扔到火爐裡，他在心裡對自己說：「瓦爾特·史考特不需要憐憫和同情，他有寶貴的信用和戰勝生活的勇氣。」從那以後，他更加努力地工作，學會了許多以前不會的技術和能力，經常一天跑好幾個公司，變換不同的工作，人累得又黑又瘦。

　　有一次，他的一個債主看了史考特寫的小說後，專程跑來對他說：「史考特先生，我知道您很講信用，但是您更是一個有才華的作家，您應該把時間更多地用在寫作上，因此我決定免除您的債務，您欠我的那一部分錢就不用還了。」

　　史考特說：「非常感謝您，但是我不能接受您的幫助，因為我不能做沒有信用的人。」這件事之後，他在日記本裡這樣寫道：「我從來沒有像現在這樣睡得這樣踏實和安穩。我的債主對我說，他覺得我是一個誠實可靠的人，他說可以免掉我的債務，但我不能接受。儘管我的前方是一條艱難而黑暗的路，但卻使我感到光榮。為了保全我的信譽，我可能困苦而死，但我卻死得其所。」

　　由於繁重的勞動，史考特曾經病倒過。在病中，他經常對自己說：「我欠別人的債還沒還清呢，我一定要好起來，等我賺了錢，還了債，然後再光榮而安詳地死。」

　　這種信念使史考特很快從病中康復了過來。兩年後，他靠自己的努力工作還清了債務。

黃金有價，誠信無價。誠信比金錢更貴重，它可以給我們帶來

意想不到的財富。只有人們拋棄誠信，而誠信卻從來不拋棄人們。史考特靠著誠信獲得了債主的同情和諒解，更重要的是，他靠著誠信獲得了世人的尊重和敬仰。誠信是當今社會普遍提倡的精神，人無信不立，商無誠不信，國無誠不國。很多企業在招聘的時候，都把誠信作為單獨考察的一項能力。有的人因為作假遭到了挫敗，有的人因為誠實獲得了成功。

　　誠實守信的人會得到別人的尊重和信任，這對自身的發展有非常重要的意義。美國人重視誠信，有一位美國商人說過：「一個人可以失去財富、失去工作，但萬萬不可失去信譽。」

　　英國著名詩人與戲劇家威廉‧莎士比亞認為誠信是最能使人安心的東西。而美國著名科學家、文學家、外交家班傑明‧富蘭克林更進一步認為人與人之間和人生中最重要的幸福，莫過於真實、誠意和廉潔。英國哲學家弗蘭西斯‧培根認為：「從來最有能力的人，都是有坦白直爽的行為、信實不欺的名譽的。」總之，信用不管在任何年代，任何地域，都是無價之寶，我們要遵守誠信思維。

## ◎ 助人思維：幫助別人就是幫助自己

　　有這樣一則寓言故事：一個商人趕著一頭驢和一匹馬去運貨，驢駄著沉重的貨物，氣喘吁吁地請求只駄了一點貨物的馬：「幫我駄一點東西吧。對你來說，這不算什麼；可對我來說，卻可以減輕不少負擔。」

　　馬不高興地回答：「你憑什麼讓我幫你駄東西，我樂得輕鬆呢。」不久，驢累死了。主人將驢背上的所有貨物全部移到馬背上，馬這個時候懊悔不已，卻已來不及了。

　　本來的舉手之勞，馬不去做，最終吃虧的還是自己。其實，幫助了別人，有的時候正是在某種形式上幫助了自己。送人玫瑰，手留餘香，講的就是這個道理。

　　俗語說：「投之以桃，報之以李。」在我們日常的生活中，許多偶然的事情將會決定你未來的命運，而生活只會用時間來詮釋這樣一個真理：幫助別人，就是幫助自己。

　　一位商人在漆黑的路上小心翼翼地走著，心裡懊悔出門時為什麼不帶著照明的工具。忽然，前面出現了一點燈光，當漸漸靠近燈光時，他才發現提燈的是一位雙目失明的盲人。商人很奇怪地問那位盲人說：「你本人雙目失明，燈籠對你來說一點用處也沒有，你為什麼還打燈籠呢？不怕浪費燈油嗎？」盲人聽了他的話，慢條斯理地答道：「我打燈籠不是為了給別人照路，而是因為在黑暗中行走，別人往往看不見我，我便很容易被撞到，而我提著

243

燈籠走路，燈光雖然不能幫助我看清前面的路，卻能讓別
人看見我，這樣，我就不會被別人撞到了。」

這位盲人用燈光為別人照亮了本是漆黑的路，不僅為他人帶來
了方便，同時也保護了自己。

我們知道來自「得」的快樂，是轉瞬即逝的，很快我們就會覺
得不滿足於所得，於是又重新開始新的追求。有智慧的人都知道，
其實快樂的泉源在於「施」——為別人奉獻，關注別人，與別人分
享希望，分享自己的故事，也傾聽別人的故事。每個人、每一天都
可以安撫一個朋友、一個同事、一個孩子的傷痛，而自己的不悅和
傷痛，也能隨之減少。愛是一種慰藉，愛別人，也能讓自己覺得活
下去更有意義，這難道不正是傳統意義上的互幫互助嗎？

或許有人會想，如今是商業社會，追求的是「錦上添花」，
而不是「雪中送炭」，許多人往往為了自己的利益，損害別人的利
益。我們應該明白，世事無常，誰都不知道將來會需要誰的幫助，
與人方便，自己方便，何樂不為呢？生活當中，正因為有真誠助人
的人，才讓我們感到了人間的溫暖，而當你助人的時候，雖然是無
意的，但無心插柳柳成蔭，說不定就會為自己帶來機遇和成功。

看完了這些事例，我們再回過頭來想想，就會知道本文一開始
的寓言裡面提到的那匹馬是多麼愚蠢。在現實生活中，在遇到類似
的情況時，相信聰明的你一定能夠做出聰明的選擇。

## ◎ 糊塗思維：難得糊塗方為真

或許你不能詳述鄭板橋的每一幅書畫作品，但是提起其中一幅一定是無人不知，無人不曉，那就是「難得糊塗」。

據說，「難得糊塗」四個字是在山東萊州的雲峰山寫的。有一年，鄭板橋專程至此觀鄭文公碑，流連忘返，天黑了，不得已借宿於山間茅屋。屋主為一儒雅老翁，自命「糊塗老人」，出語不俗。他的室中陳列了一塊方桌般大小的硯台，石質細膩，鏤刻精良，鄭板橋十分讚賞。老人請鄭板橋題字，以便刻於硯背。鄭板橋認為老人必有來歷，便題寫了「難得糊塗」四字，用了「康熙秀才雍正舉人乾隆進士」的方印。

題完後，因硯台尚有許多空白，鄭板橋建議老先生應該寫一段跋語。老人便寫了「得美石難，得頑石尤難，由美石而轉入頑石更難。美於中，頑於外，藏野人之廬，不入寶貴之門也。」他用了一塊方印，印上的字是「院試第一，鄉試第二，殿試第三。」鄭板橋一看大驚，知道老人是一位隱退的官員。有感於糊塗老人的題字，見硯背上還有空隙，便也補寫了一段話：「聰明難，糊塗尤難，由聰明而轉入糊塗更難。放一著，退一步，當下安心，非圖後來報也。」

鄭板橋為什麼寫「難得糊塗」呢？一向正直、率真的鄭板橋在當時黑暗的官場上很吃不開，常常受到惡勢力的嘲諷、刁難。他

一面以嬉笑怒罵來抗爭，一面又徬徨悲觀，產生了出世思想。當時他的情緒是壓抑、苦悶、孤獨、自嘲、徬徨、悲觀、痛苦交織在一起。就是在這種情緒下，他寫了「難得糊塗」的字幅，不久便辭官歸隱。這樣就不難理解鄭板橋的意思了，身在官場，只有小心從事，知進知退，不冒失，不惹禍，只求心裡安寧，不求後世福報，這樣才能安然而退。

「難得糊塗」一句話流傳至今，讓很多人都有所感悟，但真正做起來卻是難上加難。正如鄭板橋先生說的那樣，「聰明難，糊塗尤難，由聰明轉入糊塗更難。」與其事事求勝，步步為營，不如放一招，退一步，小事就讓它過去，不僅於人於己都有好處，還落得個好名聲。如此「糊塗思維」，你又何樂而不為呢？

「難得糊塗」是一種經歷，只有飽經風霜、人生坎坷的人才能深得真諦；同時，「難得糊塗」也是一種境界，心中有大目標的人，自然對枝節雜碎不屑一顧，只著眼大方向，為全局負責，能做中流砥柱。它還是一種資格和智慧。淡泊名利、寧靜致遠的人物，他們內涵豐富、底蘊深厚，以平常之心、平靜之心對待人生，泰然安詳。在紛繁變幻的世道中，能看透事物，看破人性，能知人間風雲變幻。

「難得糊塗」對於人生來說，是一種超越，一種策略，一種睿智，一種坦蕩，一種悠然，一種處世之道，更是對生活所持的一種人生態度。在現實生活中，有的時候就是這樣，你不能和每一件小事都認真，和每個人都斤斤計較。當需要你糊塗的時候，不妨裝回糊塗。

這樣看來，「難得糊塗」中的「糊塗」就是一門處世學問。不僅高雅，其中蘊含的哲理也非常之深。尤其是這「難得」二字大有學問，不是讓人時時刻刻裝糊塗，而是在必要的時候去裝糊塗。那麼，什麼時候才能裝裝糊塗呢？從處世的角度來說，一般是指一個人在非原則問題上不去計較，在細小問題上不去糾纏，對不便回

答的問題可佯作不懂，對危害自身的詢問假作不知，以理智的「糊塗」化險為夷，以聰明的「糊塗」平息可能產生的矛盾。這樣看上去有點消極，但如果從人的自身保護意義上來說，可以消除心理上的許多壓力，化干戈為玉帛。

常言說得好：「雄辯是銀，沉默是金。」從現實意義上來說，就是當別人情緒高漲的時候，你能表現得沉默、心胸豁達、寬宏大度，這樣的舉止比黃金還可貴，這種時候的「糊塗」更是人屢經世事滄桑之後的成熟和從容。這種糊塗與不明事理的真糊塗截然相反，它是人生大徹大悟之後的寧靜心態的表現，是一種很高的精神境界，談笑間淡泊名利和恩怨，把苦、難、疼、傷深埋在心中，而不去輕易表露。

現代社會是個名利場，很多時候有些事情並不是能以個人的意志轉移的，更不是以個人能力能改變的，如果你明知不可而為之，結果只能是給自己帶來失敗和心靈的傷害。這時你能做的只有改變自己以適應社會，「糊塗」一些，隱忍一些。

「難得糊塗」其實是一種明哲保身的人生哲學。當你想要完成的事情因受到某些局限而難以有所進展時，可以暫且放一下，待時機成熟時再做。或者當事情遭遇困難時表面上停下來，而內心裡卻積極想辦法解決問題。這樣做，可以減少社會關注和心理壓力，為事情的圓滿完成爭取時間和提供保障。或者當事情因不明朗而不便於決策和執行時，暫且將其放一放，以靜待變，冷靜觀察和分析事態的發展，根據事情的發展然後採取有針對性的行動，以提高成功的可能。

我們身邊經常會有這種事，有些人把金錢、名譽、權力、地位等看得至高無上，為了自身利益不擇手段，不顧一切地爭名奪利、爭強好勝，結果爭得不可開交、打得頭破血流，輕則關係僵化或眾叛親離，重則鋃鐺入獄。與其如此，我們不妨「傻」一點，「糊塗」一點，能過的就放它過去，不僅於人於己都不會有什麼損失，

還可以賺得一個輕鬆好心情。

## ◎ 謙遜思維：謙遜的人處處受歡迎

俗話說：「滿招損，謙受益」，那些才華出眾但卻喜歡自我誇耀的人，往往會招致他人的反感，甚至暗中吃虧而自己卻不知道。當然，有能力有智慧，在特定的場合顯示一下自己的鋒芒無可厚非，但是如果鋒芒太盛，不僅會刺傷別人，也會損傷自己。做大事的人，過分外露自己的才能，只會招致別人的嫉妒，導致自己的失敗，無法獲得事業的成功。

中國有句老話叫「槍打出頭鳥」，在日常生活中我們也都能發現，越是曝露在外面的椽子越是容易被風吹日曬雨淋，腐爛得越快。謙遜是終生受益的美德：一個懂得謙遜的人才是真正懂得積蓄力量的人。謙遜能夠避免給別人造成太張揚的印象，謙遜能夠使一個人在生活、工作中不斷累積經驗與能力，最後到達成功。

這是美國一所著名大學期末考試的最後一天。在教學樓的台階上，一群工程學高年級的學生擠成一團，正在討論幾分鐘後就要開始的考試，這是他們參加畢業典禮和工作之前的最後一次測驗，他們的臉上充滿了自信與驕傲。

一些人在談論他們現在已經找到的工作；另一些人則談論他們將會得到的工作。帶著經過4年的大學學習所獲得的自信，他們感覺自己已經準備好了，並且能夠有所作為。

他們知道，這場即將到來的測驗將會很快結束，因為教授說過，他們可以帶任何書或筆記。要求只有一個，就是他們不能在測驗的時候交頭接耳。

　　他們興高采烈地衝進教室。教授把試卷分發下去。當學生們注意到只有5道評論類型的問題時，臉上的笑容更加粲然了。

　　3個小時過去了，教授開始收試卷。此時，學生們看起來不再自信，他們的臉上是一種沮喪的表情，沒有一個人說話。教授手裡拿著試卷，面對整個班級。

　　他看著眼前那一張張焦急的面孔，問道：「完成5道題目的有多少人？」沒有一隻手舉起來。「完成4道題的有多少？」仍然沒有人舉手。「3道題？」學生們開始有些不安。「那一道題呢？」整個教室仍然很沉默。

　　「這正是我期望得到的結果。」教授說，「我只想給你們留下一個深刻的印象，即使你們已經完成了4年的學業，但關於這項科目仍然有很多的東西你們還不懂。這些你們不能回答的問題是與每天的生活實踐息息相關的。」然後他微笑著補充道：「你們都會通過這個課程，但是請記住──即使你們現在已經大學畢業了，你們的學習仍然只是剛開始。」

　　在實際生活中，有些人被我們銘記並且尊重，不僅僅是因為他們在各行各業做出的貢獻，更因為他們虛懷若谷的表現。一個人無論在怎樣的高位，都應懂得如何謙虛地從高位上走下來，真正去關心他人的情況和感受，這樣，不僅自己能收穫更多，也能得到他人的歡迎。

　　法國化學家安德列，當選為英國皇家學會會員，歐文斯學院專門為他設立了有機化學的新教授職位，格拉斯大學選他為名譽博士，這許多榮譽絲毫沒有改變他的謙虛本性。他逝世後，恩格斯在悼文中稱他是「世界上最謙虛的

人。」

　　牛頓說：「我不知道世人是如何看我，我只覺得自己好像是一個在海邊玩耍的孩子，偶然拾到了幾個光亮的貝殼，但真理的汪洋大海在我眼前還未被認識，未被發現。如果說我比笛卡兒看得這些，那只是因為我站在巨人們的肩膀上。」

　　古希臘的著名哲學家蘇格拉底，不但才華橫溢，著作等身，而且廣招門生，獎勵後進，運用著名的啟發式談話啟迪青年智慧。每當人們讚歎他的學識淵博、智慧超群時，他總是謙遜地說：「我唯一知道的就是我自己的無知。」揚名於世的音樂大師貝多芬，也曾謙虛地說自己：「只學會了幾個音符」。

　　有人稱謙遜為一切美德的皇冠，因為它將自覺的紀律、天職、義務以及意志的自由和諧地融會在一起。一個謙遜的人如果將自己身上一切值得讚揚的東西都看作是應該的、理所當然的，那麼他就會將紀律當作真正的自由，並且為之努力奮鬥。做一個謙遜的人吧，這會讓你處處受到歡迎。

## ◎ 捨得思維：有捨有得，做人的關鍵

有人說，財富就像魚鉤上的魚，只有捨得半兩魚餌，方能釣起重量可觀的大魚。捨與得是一門精深的哲學，也是為人處世的藝術，更是人生的大智慧。懂得捨的人，必將得到更多。

法國一家報紙進行智力競賽時有這樣一個題目：如果羅浮宮失火，當時的情況只可能救一幅畫，那麼你救哪一幅？多數人都說救貴重的、有價值的。結果，在成千上萬的回答中，在法國電影史上佔有重要地位的貝特爾以最佳答案贏得金獎。他的答案是：「我救離出口最近的那一幅。」

這個故事說明，成功的最佳目標未必是最有價值的那個，而是最有可能實現的那個。在人生的道路上，捨棄什麼，選擇什麼，是一門藝術。有時，捨棄就是獲得。捨是一種本領、一種態度、一種境界。捨得捨得，先捨後得，「捨」在前，「得」在後，也就是說，「捨」與「得」雖是反意，卻是一物的兩面。捨、得是對等的，你先「捨」，然後才能「得」。這就是「捨得」的真意，能「捨」方能「得」。當然，這種「得」更多的是指精神的豐潤、境界的昇華。捨得之間暗藏玄妙，意境很深，只能靠自己去琢磨，去感悟。

在熱帶叢林裡，人們用一種奇特的狩獵方法捕捉猴子：在一個固定的小木盒裡面，裝上猴子愛吃的堅果，再

在盒子上開一個小口，剛好夠猴子的前爪伸進去，猴子一旦抓住堅果，爪子就抽不出來了。人們常常用這種方法捉到猴子，因為猴子有一種習性：不肯放下已經到手的東西。

人們總會嘲笑猴子的愚蠢：為什麼不鬆開爪子放下堅果逃命？但如果審視一下自己的一些行為，也許就會發現，並不是只有猴子才會犯這樣的錯誤。就像下棋一樣，雖然放棄一子，得到的卻是全局的勝利。但如果想兼得「魚和熊掌」，恐怕最後是什麼也得不到。

可以說，不懂得取捨，就不會變換策略，領導者就會優柔寡斷，企業也會跟著變得脆弱。捨去一分自怨自艾，就得到一分好心情；捨去一分吝嗇，就得到一分好人緣；捨去一分計較，就得到一分風度；捨去一分柔弱，就得到一分堅韌；捨去一分迷亂，就得到一分理智；捨去一分浮躁，就得到一分嫻雅；捨去一分執著，就得到一分解脫；捨去一分妄想，就得到一分睿智；捨去秋波脈脈含情，換來慧眼看清廬山真面目；捨去轟烈癡狂，換來恬靜如水；捨去繾綣纏綿，換來清淨幾許；捨去百花爭豔的媚俗，換來出水芙蓉的驚豔；捨去飛蛾撲火的激情，換來鳳凰涅槃的壯麗。捨不得去拚搏，哪有收穫的喜悅？捨不得忘記舊夢，哪有力氣面對今天的選擇？捨不得改頭換面，哪能脫胎換骨？捨不得放棄眼前的實際利益，哪能有實現夢想的精彩輝煌。

比爾‧蓋茲是一個商業奇蹟的締造者，也是一個懂得選擇方向的人。在他的人生中，所做的最重要的選擇莫過於退學。哈佛大學是多少人夢寐以求的學府，而考上哈佛大學的比爾‧蓋茲卻在大三時毅然決然地選擇了退學。這不是一般人能夠擁有的決心和勇氣，而擁有這樣的決心和

勇氣的人才可能成為非凡的人物。

當時，年輕的比爾‧蓋茲對電腦十分感興趣，他深信，總有一天電腦會像電視一樣走入人們的日常生活中。他堅定的信念不但打動了自己，還打動了夥伴，打動了父母。終於，他獲得了前所未有的成功。

試想一下，假如比爾‧蓋茲依然在哈佛深造，沒有時間繼續創業，他還有可能革新電腦界嗎？也許他會成為一名白領，但不可能成為一個改變世界的人物。他曾經說過這樣一句激動人心的話：「人生是一場大火，我們每個人唯一可做的就是從這場大火中多搶救一些東西出來。」

捨，看起來是給人，實際上是給自己。把好話說給別人聽，別人才會給你讚美；給別人一個笑容，你才能得到別人回報你的「回眸一笑」。「捨」和「得」的關係就如「因」和「果」，因果是相關的，捨與得也是互動的。能夠「捨」的人，一定是擁有富者的心胸，如果他的內心沒有感恩、結緣的性格，他怎麼肯「捨」給人，怎麼能讓人有所「得」呢？他的內心充滿歡喜，他才能把歡喜給你；他的內心蘊藏著無限的慈悲，他才能把慈悲給你。自己有財，才能捨財；自己有道，才能捨道。所以我們不要把煩惱、愁悶傳染給別人，而要多帶給別人一些快樂，自信，幸福，因為「捨」什麼，就會「得」什麼，這是必然的因果聯繫。

擁有的時候，我們也許正在失去，而捨棄的時候，我們或許正在重新獲得。

## ◎ 自我思維：保持本色，走自己的路

　　在這個世界上，每個人做事都有自己的想法。據說，比爾‧蓋茲是不坐頭等艙的。有人在經濟艙看見他，便問他為什麼不坐頭等艙，他說：「頭等艙比經濟艙飛得快嗎？」由此可見，這個世界首富是一個很實際的人，他看中的不是頭等艙帶來的虛榮，而更注重結果。毫無意義的支出，又有什麼意義呢？

　　與比爾‧蓋茲相反，美國信封大王麥肯錫，每次上飛機只坐頭等艙。他對人們解釋說：「我在頭等艙認識一個客戶，就可能給我帶來能乘坐一年頭等艙的收益。」事實上，有記者調查，他的確在頭等艙結識了很多的社會名流，這些人中有不少人成為他的長期客戶。因為，人們大多相信偶然的相遇是運氣。

　　還有一件關於二戰英雄邱吉爾落選的事。眾所周知，邱吉爾對於英國來講，是一位真正意義上的民族英雄。但是，1945年大選，工黨在下院得到393席，而邱吉爾及其追隨者一共才得到213席。面對結果，邱吉爾呆若木雞，身邊的女兒也是哭得一塌糊塗。但是，邱吉爾並沒有過多的埋怨，他說：「英國人民成熟了，他們學會了選擇，他們不需要一個英雄領導他們重建家園。」

　　這些名人軼事告訴我們，世界首富從事的壟斷性行業，可以說不用求人，當然可以不注重頭等艙或經濟艙的問題，或者他是刻意以此來拉近與普通民眾的距離也未可知；信封大王儘管高高在上，但遠不是壟斷巨頭，得時時刻刻與客戶打交道，分分秒秒爭取更多的客戶。因此，即使在路途中，也要考慮這個問題，選擇頭等艙便是最好的選擇。而英國人民則考慮得更實際一些，畢竟戰後重建未必是一個英雄的強項。

　　對此，你從中學到了什麼呢？那就是保持本色，堅持自己的想法，按照自己的意願做事，丟棄表面文章，方可成就大事。「走自己的路，讓別人去說吧！」這是我們很多人的口頭禪，然而，在現實生活中，很多人都很難做到這一點。人們總是在不停地模仿他人，不懂得保持自我的本色。

　　那麼，我們該如何走自己的路，如何才能保持自我的本色呢？這是一個古老卻又日久彌新的話題。要知道，一個人最糟糕的是不能成為自己，不能在內心中保持自我。

　　好萊塢著名導演山姆·伍德曾說，最令他頭痛的事就是年輕演員不能保持自我。他們每個人都想成為二流的拉娜·特麗斯或三流的蓋伯，他不停地告誡他們：「觀眾已經嘗過那種味道了，他們需要點新鮮的。」他憑藉著自己做過房地產銷售員的經驗，盡量不用那些模仿他人的演員，因為他一直堅信，完全模仿別人絕對會一事無成。

　　然而，擁有「走自己的路，讓別人去說」這種氣魄的人卻是極少的。保羅·帕頓是一家石油公司的人事主管，他面試過的人數超過6000人，他曾說：「求職者犯的最大錯誤就是不能保持自我。他們常常不坦誠地回答問題，而是說出他們覺得你想聽的答案。」可是那是沒有用的，沒有人願意接受一種不真實的、虛偽的東西。

　　所以，只有在生活中保持自我本色，追求真我，有勇氣執著走自己路的人才能獲得成功。杜加爾曾說過：「準確地看到自己的本來面目，必然的結果是接受自己的本來面目。」

　　當柏林和格希文初次見面時，柏林已聲名卓著，而格希文還是一個剛出道的年輕作曲家，一週只賺35美元。

　　柏林很欣賞格希文的能力，問他是否願意做他的祕書，薪水大概是他當時收入的三倍。但柏林同時也忠告他說：「你還是不要接受這個工作吧！如果接受，你可能只

會變成一個二流的柏林，如果你堅持繼續保持自己的本
色，總有一天你會成為一個一流的格希文。」

　　格希文接受了這個勸告，最終成了美國最重要的作曲
家之一。


　　不但格希文經歷過這樣的過程，很多知名人士都曾經歷過這樣
艱難的保持自我本色的過程。

　　卓別林剛開始拍片時，導演要他模仿當時的著名影星，結果他
一事無成，直到他開始發揮自己的特色，才漸漸成功。

　　當瑪麗‧馬克布萊德第一次上電台時，她總想模仿一位愛爾蘭
的明星，但是沒有成功。直到她以一位密蘇里州鄉村姑娘的本色面
目出現時，才成為走紅的播音員。

　　吉瑞‧奧特一直想改變自己的德州口音，打扮得像個都市人，
還對外宣稱他是紐約人，結果別人都在背後嘲笑他。後來他開始重
彈三弦琴，演唱鄉村歌曲，最終奠定了他在影片中受歡迎的牛仔地
位。

　　肯定你自己，相信你自己是這個世界上一個嶄新的自我，一個
獨一無二的自我，你就會為此而自豪。請保持你的本色，堅持走自
己的路。無論是好是壞，只有種好自己的自留地，才能收穫糧食；
只有經營好自己的小花園，才能收穫滿屋芳香。

　　愛默生說過，一個人終有一天會明白，妒忌是無用的，模仿就
是自殺。無論好壞，人都要保持自己的本色。的確，人世間充滿了
未知事物，只有你自己才能幫助自己。所以，請相信你自己，相信
上天賦予你的能力，永遠保持自我本色，堅持走自己的路。

# 第 8 章

# 永遠保持黃金心態的 10個關鍵思維

　　心態決定行動，行動決定成功。一個人是否具備黃金心態，對他是否能走上成功之路具有決定性的關鍵意義。有的人積極向上，他的樂觀不僅可以帶給自己好心情，還能感染自己身邊的人，帶給大家快樂的好心情；而有的人卻灰心失望、自暴自棄，對週遭的一切全都不聞不問，全然喪失興趣，這種人就算有幸運女神前來眷顧，恐怕也不會抓住機遇。所以說，一個好的心態，勝過一份盲目的努力。要想獲得成功，還得有「黃金心態」保駕護航。

## ◎ 寬容思維：寬容待人，海闊天空

　　寬容待人，是中華民族的傳統，是一種博大而深邃的胸懷，是人類的最高美德，是一種思想修養，也是人生的真諦。你能容人，別人才能容你。但是當別人出現了過錯時，你會如何做呢？識人心理學的做人方式是，當別人出現過錯的時候，請寬容些，因為你不會從計較別人的過錯中得到任何好處。

　　那麼，怎樣才能做到寬容待人呢？

　　首先，要以平常的心態去面對周圍發生的不正常的事，這些事中可能是別人的錯誤、失誤，甚至有意的傷害。如果不寬容，可能就是爭吵。

　　其次，要以寬闊的胸懷待人。「金無足赤，人無完人」，「退一步海闊天空，忍一時風平浪靜」。凡事要多一份理解，進行換位思考並主動溝通。第三，要以良好的素養表現自己。寬容乃是人類性格的空間。「將軍額頭可跑馬，宰相肚裡能撐船」。懂得寬容別人，自己也有了迴旋的餘地。第四，還要做到以愛心來指導行動。原諒那些曾傷害過我們的人，這雖然不是一件容易的事，但如果我們這樣做了，就會從中體驗到寬容的快樂。

　　當然，寬容並不是意味著可以不講原則，寬容一切無理的行為。「大事講原則，小事講風格」。「大事聰明，小事糊塗」。寬容是在不違背大原則的前提下的一種理解和諒解，是一種誠實和厚道。

　　我們生活在社會這個大群體裡，人與人之間免不了會發生一些摩擦誤會，常常因一時的疏忽，或冒犯了別人，或別人冒犯了我們。一句「對不起」，一聲「沒關係」，便能讓一切不愉快煙消雲

散，使彼此重歸和睦和友善。

「我從未遇見過一個我不喜歡的人。」威爾·羅吉士說。這位幽默大師能說出這麼一句話，大概是因為不喜歡他的人絕無僅有。羅吉士年輕時有過這樣一件事，可為佐證。

1898年的冬天，羅吉士繼承了一個牧場。有一天，他養的一頭牛，因衝破附近農家的籬笆去啃食嫩玉米，被農夫殺死了。按照牧場規矩，農夫應該通知羅吉士並說明原因。可農夫沒有這樣做。羅吉士發現了這件事，非常生氣，便叫一名傭人陪他騎馬去和農夫理論。

他們半路上遇到寒流，人和馬身上都掛滿冰霜，兩人差點凍僵了。到達木屋的時候，農夫不在家。農夫的妻子熱情地邀請兩位客人進去烤火，等她丈夫回來。羅吉士烤火時，看見那女人消瘦憔悴，也發覺五個躲在桌椅後面對他窺探的孩子瘦得像小猴子。

農夫回來後，妻子告訴他羅吉士和傭人是冒著狂風嚴寒來的。羅吉士本來要開口跟農夫理論，忽然決定不說了。他伸出了手。農夫不曉得羅吉士的來意，便和他握手，留他們吃晚飯。「不好意思，只能招待二位吃些豆子，」他抱歉地說，「因為剛剛在宰牛，忽然起了風，沒能宰好。」

盛情難卻，兩人便留下了。

在吃飯的時候，傭人一直等待羅吉士開口講起殺牛的事，但是羅吉士只跟這家人說說笑笑。看著孩子們一聽說從明天起幾個星期都有牛肉吃便高興得眼睛發亮的樣子，他決定徹底忘掉這件事。

飯後，狂風仍在怒號，主人夫婦一定要兩位客人留

下。兩人於是又在那裡過夜。

　　第二天早上，兩人喝了黑咖啡，吃了熱豆子和麵包，肚子飽飽地上路了。路上，羅吉士對此行來意依然閉口不提，傭人疑惑地問他：「我還以為你會為了那頭牛興師問罪呢！」

　　羅吉士半天沒有說話，然後回答：「我本來有這個念頭，但是我後來又盤算了一下。你知道嗎？我實際上並未白白失掉一頭牛，我換到了一點人情味。世界上的牛何止千萬，人情味才最珍貴。」

　　寬容的人從不計較個人得失，其內心可以寬容一切。羅吉士就是一個寬容的人，同時也是一個活在快樂中的人。寬容是溫暖的陽光，可融化最堅固的冰川；是化解矛盾的良藥，可讓社會和諧安定。俗話說：「金無足赤，人無完人。」孔子曰：「人非聖賢，孰能無過？」有錯、有過，該如何對待？明智的辦法就是「寬容為上」。著名思想家波普曾說：「錯誤在所難免，寬恕就是神聖。」

　　寬容待人是一種美德，是一種思想修養，也是人生的真諦。你能容人，別人才能容你，這是生活的辯證法則。人不能孤立地生活，他需要立足於社會，而社會需要相互的諒解和相互的寬容。

　　學會寬容，人與人之間便會多幾分理解，多幾分感激。學會寬容，人世間便會多幾分溫暖，多幾分關愛。一個人只有具備了寬容的品質，才會懂得理解和尊重他人，才會有愛人之心，有容人之量，成為識大體、顧大局的人。

　　可以說，寬容待人在為別人打開成功之路的同時，也在無形中為自己拓寬了成功的道路，我們在社會中生存，不能樹立敵人，而要多交朋友，多為自己儲存貴人。朋友和貴人多了自然做人就能成功，因為有大家的幫助能使你多了很多有力量的臂膀，扶助你走向成功。

善待別人，就是善待自己。多些寬容，多些諒解，少些計較，也就懂得了幸福。人人懷有一顆寬容的心，世界將變得更加美好。

## ◎ 適度思維：控制貪欲，見好就收

　　人們常說，控制貪欲，見好就收，不過分苛求自己的人才能活得快樂、幸福。不能成為第一，就坦然充當第二；不能擁有偉大，就甘願靜守平凡，用輕鬆的人生規則主宰自己的快樂又有何不可呢？因為任何事情都會「過猶不及」，懂得八分哲學並運用於實際生活的人才能擁有更多的快樂。

　　　有一位農夫和一位商人出門尋找生意。他們發現了一大堆未被燒焦的羊毛，兩個人就各分了一捆在自己的背上。

　　　途中，他們又發現了一些布匹。於是，農夫將身上沉重的羊毛扔掉，選些自己扛得動的較好的布匹。而貪婪的商人將農夫所丟下的羊毛和剩餘的布匹統統撿了起來，重負讓他氣喘吁吁、行動緩慢。

　　　走了不遠，他們又發現了一些銀質的餐具，農夫將布匹扔掉，撿了些較好的銀器背上，商人卻因沉重的羊毛和布匹壓得他無法彎腰而作罷。突降大雨，饑寒交迫的商人身上的羊毛和布匹被雨水淋濕了，他踉蹌著摔倒在泥濘當中，而農夫卻一身輕鬆地回家了。他變賣了銀餐具，生活變得富裕了起來。

　　大千世界，萬種誘惑，什麼都想要，往往會什麼都得不到，該放就放，見好就收，才會輕鬆快樂一生。貪婪的人往往很容易被事物的表面現象所迷惑，甚至難以自拔，待事過境遷後才後悔不已。

所以，在生活中，我們應該學習那個懂得見好就收的農夫，而不是貪心不足的商人。

其實，人活一世，凡事都不能太苛求，都應有度，要知道樂不可極，樂極生悲；欲不可縱，縱欲成災；酒飲微醉處，花看半開時……人心不足蛇吞象，如果不能做到適可而止，做事貪得無饜，最終會使自己毀在無盡的貪欲上面。要知道，貪欲跟煩惱和失敗是成正比的。有一個寓言故事很值得我們深思。

> 有一個人窮困潦倒得連床也買不起，家徒四壁，只有一張長凳，他每天晚上就在長凳上睡覺。他向佛祖祈禱能給他一個發財的機會，佛祖看他可憐，就給了他一個裝錢的口袋，說：「這個袋子裡有一個金幣，當你把它拿出來以後，裡面又會有一個金幣，但是只有當你把這個錢袋還給我後才能使用這些錢。」
>
> 於是，那個窮人就不斷地往外拿金幣，整整一個晚上沒有合眼，地上到處都是金幣，他這一輩子就是什麼也不做，這些錢也足夠他花的了。每次當他決心歸還那個錢袋時，都捨不得。就這樣，他不吃不喝地一直往外拿著金幣，直到屋子裡全堆滿了金幣。
>
> 可是他還是對自己說：「我不能歸還錢袋，還應該再拿更多的錢！」到最後，他虛弱得沒有了一絲力氣，終於死在了錢袋的旁邊，死在了一屋子的金幣裡。

在日常生活中，沒有財富雖然是不行的，但如果過度地追求財富，就會使我們迷失生活的方向。凡事適可而止，才能把握好人生的方向。適可而止就是要選擇在最為合適、最為有利的時機，立即停止所做的事情，以達到最佳的效果。在工作和生活中要掌握適度的原則，凡事注意分寸和尺度，做到心中有數，才能成為生活的智

者。

我們在做事情的時候要懂得見好就收，看見差不多就收手，不可太貪心。畢竟，任何人不可能一生總是春風得意。人生最風光、最美妙的往往是最短暫的。「人無千日好，花無百日紅。」所以，見好就收便是最大的贏家。

人生變故，猶如水之應變能力，事盛則衰，物極必反。生活既然如此，做人也應處處講究恰當的分寸。過猶不及，不及是大錯，太過是大惡，恰到好處的是不偏不倚的中和。見好就收是一種謙讓，一種寬容，一種釋懷，聰明的人懂得見好就收，為未來留下無限可能。

## ◎ 平凡思維：用平常心去對待身邊的一切

　　在日常生活中，你是否時常感到心力交瘁，疲憊不堪呢？其實，這一切也許都是因為你缺乏一顆平常心，不能用平常心看待自己以及身邊的一切引起的。雖然說我們想透過自身努力提高自己的生活品質，這是無可厚非的，但如果過度追求物質生活，心態不平衡，那就會讓自己陷入無邊的痛苦中。

　　其實，平常心並非深不可測的玄機，它只是普通人的平凡心態而已，說穿了即是吃飯好好吃，睡覺好好睡，做事當認真，為人不計較。但是，為何如此簡單的事情許多人卻很難做到呢？那是因為人們在生存競爭的巨大壓力下，在名與利的多重誘惑下，滋長了自私、貪欲、癡迷、浮躁、報復、好勝、狂妄等種種不良心態，從而打破了一顆平常心，導致痛苦、煩惱和噩運紛至沓來。

　　用平常心來看待當下的生活，雖然只是簡單的一句話，但在現實生活中，卻是人們很難超越的一道門檻，因為我們並不懂得何為真正的平常心，也不懂得怎樣來保持平常心，更不懂得怎樣來利用平常心，更是常常忘記了生活需要保持一顆平常心。

　　用平常心來看待當下生活，首先需要我們保持一種心境，不僅對待周圍的環境要做到「不以物喜，不以己悲」，更要對周圍的人和事做到「寵辱不驚，去留無意」。這樣，我們的生活才能有一份平靜與和諧。

　　其實，用平常心來看待當下生活也是一種境界。慧能大師曾云：「本來無一物，何處惹塵埃。」他這種超然物外、超越自我的境界正是平常心最好的解釋。平常心不是看破紅塵，更不是消極遁世，其所要表現的是一種積極的心態。以平常心觀不平常事，則事

事平常。

現實生活中，也有一些人過得並不富裕，但卻活得真實、輕鬆。為什麼呢？關鍵是心態好，能夠用一顆平常心來看待當下生活。有的人可能一生都在不停地追逐名利，卻從沒停下腳步來認真欣賞一下人生的美景，感受一下生活本質的甜美，在欲望永不滿足的心態下，生活對他來說只能是一個字：累！其實，人生在世，不如意者十之八九。古人說得好：「人有悲歡離合，月有陰晴圓缺，此事古難全。」因此，只有對生命充滿感激，對生活充滿熱愛，珍惜所擁有的，用平常心看待當下的生活，幸福才能常伴左右。

我們的生活需要我們保持一顆平常心，因為擁有一顆平常心的人往往是一個寬宏大量的人。面對失敗，能夠坦然處之，跌倒了能夠再爬起來。面對成功與他人的讚揚，能夠欣然接受，但又絕不因此而驕傲，在這種寵辱不驚中笑看生活的起起落落。

用平常心來看待當下生活的人能夠看透人生沉浮。生活本來就不可能一帆風順，有成功，也有失敗；有開心，也有失落。如果我們把生活中的這些沉浮看得太重，那麼生活對於我們來說永遠都不會坦然，永遠都沒有歡笑。比如說馳騁生意場上，有時虧損，有時賺錢，甚至會遭遇逆境，這並不完全是環境的緣故，也不一定是運氣的原因，僅僅是經營方法上出了問題，如果我們沒有用平常心去看待這種局面，相信這樣的生活肯定沒有陽光。事實上，人生本就有高潮和低谷，何必要讓這些本就無法避免的事情主宰我們的情緒呢？如果我們用一顆平常心來看待它們，就能安然處之，就能時刻體會到人生的樂趣。

用平常心來看待當下生活的人，可以減少憂慮，生活得更加的健康。要知道，現代人的疾病不僅僅是生理上的，更嚴重的是來自於心理，而心理上的疾病大多由憂慮所引起。醫生指出，醫院裡一半以上病人的病情都是由憂慮引起的，或因憂慮而加重了病情。

我們往往會發現，先前我們所憂慮的事情簡直是小題大做，甚

至是荒謬可笑的，只是因為當時缺乏這種平常心的調節而導致心不平氣不和。比如說有人會為幾乎不可能得的病、幾乎不可能發生的變故感到憂慮，事後我們會發現其實是杞人憂天。

　　所以，在我們有限的生命中，不管遇到什麼樣的情況，都要保持一顆平常心，因為你所擁有的一切都是生活的饋贈，你擁有了，生活就會平靜，如果失去了，那麼道路就會坎坷，人生也會從此不再平靜。只有用平常心來對待、品味當下的生活，才能永享安然和快樂。

## ◎ 積極思維：不要為昨天而哭泣

　　成功學專家勞埃爾‧皮科克說：「成功人士的首要標誌，是他思考問題的方法。一個人如果是個積極思維者，喜歡接受挑戰和應付麻煩事，那他就成功了一半。」

　　美國保險業鉅子克萊門‧史東也說：「人與人的差別只是一點點，但這小小的差別卻有極多的不同。小小的差別是思考方式，極大的不同是這種思考方式究竟是積極的還是消極的」。因此說，一個人能否成功，取決於態度。成功者與失敗者之間的差別是：成功人士始終用最積極的思考，最樂觀的精神和最輝煌的經驗支配和控制自己的人生。運用積極的思維，建立自信，即使平庸的人也能成就神奇的事業。那些天分雖高，能力又強，但是多疑膽小的人永遠不能有所建樹。

　　不僅如此，消極思維會在關鍵時刻散布疑雲。一個人在生活中如果總是尋找消極的東西的話，就會形成一種難以克服的習慣——即使身邊出現了不可多得的好機會，消極的人也會看不到，抓不住。他會把每種情況都看成是一個障礙接著一個障礙，最後把人生看成一片黑暗。消極思維會泯滅希望，激發不出人主動向上追求的動力；消極思維能摧毀人的信心，慢慢地使人意志消沉，永遠只看得到外面世界最壞的一面。

　　持續的積極思維會讓人更樂意嘗試新事物，冒更多風險，也獲得更大成就。在積極思維的指引下，你就會漸漸地明白自己能做什麼，不能做什麼，這會使你在事業的發展道路上更加安全，甚至連挫折也不能使你產生動搖。因為你知道失敗不會改變你的整個人生，沒有必要為昨天犯的錯誤而懊悔不已，傷心落淚。積極向上的

人會不斷努力，直到好的一面展露在眼前。對於積極思維的人來說，世界就是奇妙的，並且充滿了無限的可能性。

在工作方面，積極的心態會形成一種熱烈高漲的工作氣氛，這樣的氣氛更能激發人們的工作熱情，從而更好地獲得事業上的成功。積極能使人產生成就感，也會感染別人。優秀的領導者都有著自己的管理方法，在他們的帶領下，員工渴望在某一領域做出成績，領先他人，這也是那些一流企業能充分發揮一流人才才能的奧祕。

　　在微軟公司內部，已經營造出這樣一種「氣氛」，那就是「工作第一，以公司為家」。在公司，蓋茲本人對工作的積極態度以及他給予員工的期望，帶動了員工的工作熱情。員工隨時可以向公司的任何人發送電子郵件，不論他們的職位高低。人們經常可以看到蓋茲在公司內外同員工聊天、交談，因為蓋茲喜歡在公共場合同員工討論公司的經營計畫，並鼓勵他們突破障礙，努力前進。

　　蓋茲表現出來的這種積極的工作情緒，讓人們覺得他是在微軟公司做榜樣，以此來營造一種熱烈的工作氣氛。只要在微軟公司，工作壓力就很大。剛來微軟公司的員工，很少在晚上9點以前回家。一位員工這樣評價蓋茲：「他不但是個工作狂，而且要求很嚴格，如果部下認為辦不到的事，他會自己拿回去做，且迅速而準確地做到幾乎完美的程度，讓大家佩服得沒有話說。在這樣一個如此積極的人手下工作，如果沒有真本事，還真難做。」在蓋茲的帶動下，員工們相互追趕，夜以繼日地為公司奮鬥著。

　　可以說，在微軟，比爾・蓋茲的積極就是一種無形的壓力，他的積極情緒就是在為員工製造一個緊張而富有競爭意識的工作氛圍。微軟的員工努力工作，一方面是因為

比爾‧蓋茲本人的榜樣魅力，另一方面也是因為微軟能讓
這些人才實現自己的理想，這對那些重視自我價值的人才
而言，比什麼都重要。

微軟的積極心態不僅運用在工作上，也運用在了商場上。凡事
都去積極爭取，不輕易地否定自己。所以說，只有把自己的心態調
整到一個積極的位置上，才能穩步前進，不畏懼一切可能存在的阻
撓因素。積極的心態實際上是人的一種心理素質，是看待事物時表
現出的一種樂觀向上的心理傾向，也是一種豁達的人生態度。

有積極心態的人，能夠正確、全面地看人看事看自己，碰到不
順心的事，不會怨天尤人，強調客觀理由；遇到困難和挫折時，不
會知難而退，畏縮不前。要知道，世上的任何事情都可以從不同的
角度去看待，問題在於是用積極的心態，還是消極的心態。

同樣是看待困難，持有消極心態的人，會把它看成是前進路
上的絆腳石；而持積極心態的人，則會把困難當作成才的踏腳石。
同樣是對待逆境，持消極心態的人，會因此一蹶不振，無所作為；
而持積極心態的人，則把它作為磨練堅強意志的機會，更加發憤進
取。在順利的時候擁有積極的心態並不難，關鍵是在遇到困難和處
於逆境的時候，也要保持積極心態。其實，越是遇到艱難困苦，越
需要保持積極的心態。積極的心態有助於克服困難、轉化逆境；而
消極心態則使人沮喪、失望，容易限制和扼殺自己的潛能，妨礙成
才。

積極的心態是成功不可缺少的內在動力，也是成功的情商標
誌。成功學家拿破崙‧希爾提出17條成功定律，第一條就是「積
極的心態」，並把它作為成功者的黃金法則。我們也不難發現，只
要是傑出人才，他們都有一個突出的特點，就是能夠保持積極的心
態：對前途及自己總是充滿信心，對事業總有遠大抱負，待人處世
總是心地豁達、心情愉快。由於自信，他們總能果斷地下定奮發進

取的決心；由於樂觀，他們總能為自己的成才進步營造積極向上的心理空間。積極的心態導致成功，成功導致更積極的心態，從而使心理和行為始終處於一種良性的循環中。

　　保持一份積極的心態吧，這是你克服困難的一劑良藥，是走向成功的一條捷徑。

## ◎ 珍惜思維：珍惜現在擁有的

「如果一個年輕人在他的工作和生活中不能發現任何機會，而他認為自己可以在其他地方得到更好的，那麼他會感到非常的灰心失望。」這是著名成功學家奧格森・馬登給年輕人的忠告。可見，不要老是惦記著別人的收獲，奢望那些不屬於自己的東西，有的時候，自己現在擁有的，當下正在做的事情就是最有價值的事情。要學會珍惜自己擁有的一切，享受當下的每一天。

字寫錯了可以擦掉重寫，畫畫錯了可以撕掉重畫，唯有人生之路，走錯了卻沒有回頭路，所以我們要慎重地對待人生中的每一步。但這並不是讓我們在人生的旅途中瞻前顧後、止步不前，也並不是說走錯了一步就會滿盤皆輸、萬劫不復。成功的道路有千萬條，條條大路通羅馬，只要我們堅持不懈，永不放棄，終會贏得最後的成功和幸福。人生不能重來，所以我們要更加珍惜現在，珍惜現在的生活，珍惜現在的擁有，不要悔恨過去，不要抱怨命運，我們能做的，就是珍惜現在自己擁有的一切。

曾經看過一個哲理小故事，非常耐人尋味，大意是這樣的：

有個人在一片廢墟中行走時，聽到一聲聲的抽泣。他仔細一看，發現原來是一個雙面人石像在哭。那人便問：「你哭什麼呀？」石像回答：「我在哭我自己。我本來有兩張臉，一張臉可以洞察過去，一張臉可以預測未來，可是唯獨沒有好好把握住當下，所以才成了現在這個樣子。」

留心觀察一下生活中的各色人群，你不難發現，許多人正犯著類似的錯誤。他們有的生活在回憶中不能自拔，有的生活在對未來的幻想中卻不見行動，最終往往也像那雙面石像一樣徒然悲歎、傷心不已。學會讓往事豐盈、鞭策自己而不是一種拖累和傷害，學會讓未來引導、鼓舞自己而不是想入非非。珍惜擁有的一切，利用擁有的一切，發揮擁有的一切，使自己的生命得到淋漓盡致的揮灑，對自己，對社會，都是一種幸運。

　　誠然，追求完美是每個人一生的目標，但在對完美的追求中，有不少人卻周而復始地犯著同一個錯誤，那就是不懂得珍惜現在所擁有的，總認為沒有得到的才是最好的，於是，對現在所擁有的視若無睹，一次又一次拋棄現有的，去追逐尚未得到的。因此不是苦惱太多，而是我們不懂生活；不是幸福太少，而是我們不懂把握。

　　雖然，人的一生會有很多次的機會去擁有，但我們不可毫無顧忌地揮霍、摒棄，因為人生最為可貴的不是得不到的，也不是已經失去的，而是現在擁有的。因為現在擁有的不是過往的雲煙，不是曇花一現，而是實實在在地在你身邊。假如你不懂得珍惜已經得到的，那麼到頭來，失去的是曾經的擁用，得到的只是最後的回憶。

　　其實，過去的已經過去，我們唯一該做的就是記住該記住的，忘記該忘記的，從過去的經歷中吸取經驗或教訓，以便更好地走以後的路。而未來還很渺茫，許多都未可知，有夢想固然重要，但更重要的是如何去實現夢想。只有抓緊當前，珍惜擁有，腳踏實地，才不至於將來再為現在後悔，也不至於將夢想化為美麗的泡影。

　　不過，珍惜現在所擁有的事物不是知足常樂，不是停滯不前，不是沉湎於過去，不是不去爭取未來，而是把現在的擁有當作人生中的一個意味深長的驛站，用一份珍惜的心態，把現在的點滴幸福凝結在生活的每一天。不要等到手中的玫瑰已經枯萎才去體會鮮花盛開時的那份甜美，不要等到落花逐流水時才去挽留那淡淡的清香，要在花香四溢的時候將那份甜美、那份清香凝結成永恆。

只有珍惜現在所擁有的事物，才能讓我們的生活多一份甜美，少一份遺憾；多一份幸福，少一份懊悔，讓自己的未來成為現在的繼續。

在物欲橫流的今天，有多少人在拿青春賭明天？有多少人被金錢所奴役？又有多少人在遊戲人生？其實，生命真正屬於我們的只有三天：昨天、今天和明天。昨天已經成為過去，明天雖沒有到來，但也是個有限的集合，我們能夠把握和抓緊的只有今天；抓不住的今天就會成為昨天而浪費，抓不住今天的人就不會擁有明天。

俗話說：「身在福中要知福。」知道自己現在過著一種不愁衣食的生活，是一種難得的福分。不要小看這福分，不要浪費這福分。一方面要知足，一方面仍要儘量節儉，這樣才不會養成奢靡頹廢的習慣，日後才可以有足夠的準備去應付各種不同等級的生活。

在生活中，我們經常聽到這樣的話：「如果讓我回到從前，我一定能……」「如果那次我抓住了機會，我就會……」聽到這樣的話，你是不是覺得很熟悉，因為我們自己也許就剛說過或者曾經說過。但人生不能複製，珍惜當下，把握住現在，才是走向成功的必經之路。

俗話說：「人生福祿，自有定數。」珍惜福分的人，福常有餘；暴殄天物的人，福常不足。所以，要多在有日思無日，別到無時思有時。人應該珍惜自己的福分，慢慢享用，不要揮霍。

多看看自己懷裡的財富吧。其實，每一份現在你所擁有的事物都是寶石一般珍貴的財富。在展望未來的時候，不要浮躁，要認識到自己正在擁有的一切。珍惜它們，你才會有更多的收穫。

## ◎ 寬容思維：讓自己的肚子也能「撐船」

　　將軍額前能跑馬，宰相肚裡能撐船。一個人只有豁達、開朗、寬容，才能接受別人。善於與他人相處，能承認他人存在的意義和作用，也就能被他人所理解和接受，為集體所接納，就能與別人互相溝通和交往，人際關係才會諧調，才能與集體成員融為一體。

　　寬容，作為一種美德受到了人們的推崇，作為一種人際交往的心理因素也越來越受到人們的重視和青睞。寬容是一種博大的胸懷、超然灑脫的態度，也是人類最高的境界之一。一般說來，比較寬容的人，能夠對別人不同的看法、思想、言論、行為以至他們的宗教信仰、種族觀念等都加以理解和尊重。不輕易把自己認為「正確」或者「錯誤」的東西強加於別人。當然，他們也有不同意別人的觀點或作法的時候，但他們會尊重別人的選擇，給予別人思考和生存的權利。

　　在日常生活中，難免會發生這樣的事：親密無間的朋友，無意或有意做了傷害你的事，你是寬容他，還是從此分手，或伺機報復？有句話叫「以牙還牙」，分手或報復似乎更符合人的本能心理。但這樣做了，怨恨只會越結越深，仇會越積越多，真是冤冤相報何時了。如果你在切膚之痛後，能採取別人難以想像的態度，寬容對方，表現出別人難以達到的襟懷，你的形象姿態就會高大起來，你的寬宏大量、光明磊落使你的精神達到了一個新的境界，你的人格便會折射出高尚的光彩。

　　美國第三任總統傑弗遜與第二任總統亞當斯從惡交到寬恕就是一個生動的例子。傑弗遜在就任前夕，曾到白宮

去，想告訴亞當斯說，他希望針鋒相對的競選活動並沒有破壞他們之間的友誼。但據說傑弗遜還來不及開口，亞當斯便咆哮起來：「是你把我趕走的！是你把我趕走的！」從此，兩人沒有交談達數年之久，直到後來傑弗遜的幾個鄰居去探訪亞當斯，這個堅強的老人仍在訴說那件難堪的事，但接著衝口說出：「我一直都喜歡傑弗遜，現在仍然喜歡他。」鄰居把這話傳達給了傑弗遜，傑弗遜便請了一個彼此皆熟悉的朋友傳話，讓亞當斯也知道他的深重友情。後來，亞當斯回了一封信給他，兩人從此開始了美國歷史上最偉大的書信往來。這個例子告訴我們，寬容是一種多麼可貴的精神和高尚的人格。

寬容是解除誤會的最佳良藥，擁有寬廣的胸襟是交友的上乘之道。合群的人，常常能夠與朋友共享快樂，表現出的積極態度總是多於消極的情感，即使在單獨一人時也能安然處之，無孤獨之感。因為這種具有積極情感的人會感受到自己存在的價值，能夠對自己的能力、情感、長處和不足做出恰當和客觀的評價，不會對自己提出苛刻的、不切實際的要求，能恰如其分地確定自己的奮鬥目標和做人的原則，努力發展自身的潛能，並不迴避和否認自己的缺陷，盡量用自己的樂觀情緒去感染別人。正是這些特點，才贏得了大家的喜愛和認同。

「寬以濟猛，猛以濟寬，寬猛相濟」，「治國之道，在於猛寬得中」，古人以此作為治國之道，表明了寬容在社會中所起的重要作用。寬容，是自我思想品質的一種進步，也是自身修養、處世素質與處世方式的一種進步。在這個世界中，每個人都得生活、工作，都得接觸社會與家庭。在居家過日子及繁瑣的工作中，難免會發生矛盾，出現各式各樣的失誤與差錯。此時，如果你不讓我，我不讓你，很容易引發家庭矛盾和同事間的爭鬥。不能原諒自己或他

人所出現的失誤與差錯，就會給自己和他人增加心理上的壓力和影響今後的正常生活與工作，因此，我們要學會寬容。「容人須學海，滿尚納百川」，要懂得寬容待人的好處。

一般人總認為，做了錯事得到報應才算公平。但英國詩人濟慈說：「人們應該彼此容忍。每個人都有缺點，在他最薄弱的部分，每個人都能被切割搗碎。」的確，每個人都有弱點與缺陷，都可能犯下各式各樣不同的錯誤。作為肇事者，要竭力避免傷害他人，但作為當事人，則要以博大的胸懷寬容對方，避免怨恨消極情緒的產生。

我們常說，寬容別人，其實就是寬容我們自己。多一點對別人的寬容，我們的生命中就多了一點空間。在人生之路上，才會有更多的關愛和扶持，才會少一點風雨，多一點溫暖和陽光。

寬容是人世間最大的美德。屠格涅夫的一句話將寬容的意義展現得淋漓盡致：「不會寬容別人的人，是不配受到別人的寬容的。但是誰能說自己是不需要寬容的呢？」在生活中，生命中，自己會犯錯，別人同樣也會。如果只想得到別人的寬容而不肯以寬容善待他人的人，總有一天他的朋友都會離開他，那時便再也沒有人會寬容、善待他。因此說，善待他人，善待世界，就是善待自己。

寬容，是生活中的一門技巧。寬容一點，我們的生活或許會更加美好。

## ◎ 知足思維：保持一顆知足常樂的心

　　人一生追求的最終目的是什麼？一位朋友曾經很坦白地說：
「人生就是追求自由和快樂。」或許你認為她的追求不夠崇高，可
你卻無法否認人對快樂的渴望與追求。每個人的內心都是渴望快樂
的，沒有人希望自己生活在歎息和淚水中。那麼怎樣才能獲得快樂
呢？古人告訴我們，要知足常樂。

　　當這些渴求不能被滿足時，人就會感到煩惱。要想擺脫這些煩
惱，人們就應該清醒地看清楚是否是自己的不知足而引起的。人的
心就是一個填不滿的坑，人都不滿足於現狀，當自己憑本事達不到
那不切實際的願望時，有的人就會不擇手段，最終害到自己。

　　「世上無如人欲險，幾人到此誤平生。」簡簡單單的一個貪
字，留下了多少心酸往事。因為貪，為官者不顧人民疾苦；因為
貪，為商者見利忘義；因為貪，夫妻可以反目成仇。可悲的是，欲
望沒有盡頭，因為不知足，所以永遠沒有盡頭。無窮無盡的欲望，
無窮無盡的追求，也許可以帶給你物質的豐裕，卻無法帶給你精神
上的平靜。沒有了心靈的平靜，縱使能享受一時的歡愉，又如何能
獲得長久的快樂呢？

　　　有一天，國王起個大早，決定在王宮中四處逛逛。
當國王走到御膳房時，聽到有人在快樂地哼著小曲。循著
聲音，國王看到是一個廚子在唱歌，臉上洋溢著幸福和快
樂。
　　　國王甚是奇怪，他問廚子為什麼如此快樂？廚子答
道：「陛下，我雖然只不過是個廚子，但我一直盡我所能

讓我的妻小快樂。我們所需不多，有間草屋，肚裡不缺暖食便夠了。我的妻子和孩子是我的精神支柱，而我帶回家哪怕是一件小東西都能讓他們得到快樂。我之所以天天如此快樂，是因為我的家人天天都快樂。」

聽了廚子的話後，國王偷偷地命人將裝了99枚金幣的布包放在了那個快樂的廚子門前。

廚子回家的時候發現了門前的布包，好奇心讓他將布包拿到房間裡，當他打開布包後，先是驚詫，然後狂喜：金幣！全是金幣！這麼多的金幣！廚子將布包裡的金幣全部倒在桌上，開始查點──99枚，廚子認為不應該是這個數，於是他數了一遍又一遍，的確是99枚。他開始納悶：沒理由只有99枚啊？沒有人會只裝99枚啊？那一枚金幣到哪裡去了？廚子開始尋找，他找遍了整個房間，又找遍了整個院子，直到筋疲力盡，他才徹底絕望了，心中沮喪到了極點。

他決定從明天起，加倍努力工作，早日賺回一枚金幣，以使他的財富達到100枚金幣。

由於晚上找金幣太辛苦，第二天早上他起來得有點晚，情緒也極壞，對妻子和孩子大吼大叫，責怪他們沒有及時叫醒他，影響了他早日賺到一枚金幣這一目標的實現。

他匆匆來到御膳房，不再像往日那樣興高采烈，既不哼小曲也不吹口哨了，只是埋頭拚命地工作。國王想：本來已經擁有很多，但從來不會滿足，他拚命工作，為了額外的那個「1」而苦苦努力，渴望儘早實現「100」。原本生活中有那麼多值得高興和滿足的事情，但他竭力去追求那個並無實質意義的「1」，不惜付出失去快樂的代價，真是不值啊。

知足常樂無疑是一劑心靈的良藥，能幫助我們在紛繁複雜的生活中形成一個良好的心理狀態，對外界的風雲變化泰然處之。同時，知足常樂也並非夜郎自大、裹足不前。知足，知現在所得已經足矣，但對將來的所求還是不足的。這樣，便能以一顆平常之心去對待現在的處境，而用進取的心去開創未來。因為知足，便沒有了患得患失，沒有了負擔，輕裝上陣自然如魚得水。所以，知今日已有之足不是放棄追求，而是對自己過去努力的肯定，為下一次的努力提供一個良好的心態。

西班牙和美國的心理學家在1992年巴賽隆納奧運會的田徑比賽場上，用攝影機拍攝了二十名銀牌獲得者和十五名銅牌獲得者的情緒反應。心理學家們發現，在衝刺之後和在頒獎台上，「第三名」看上去比「第二名」更高興。

研究人員對這一現象進行了分析，最後得出結論：因為銅牌獲得者通常對自己的期望值並不是很高，獲得銅牌也許是他為自己設定的目標，也許是他根本沒期望的好成績，不管怎樣都是一個驚喜，因此已經很高興了；而銀牌獲得者的目標往往就是金牌，沒有奪冠當然會覺得遺憾，有一點難過。事實也的確如此，每當記者採訪獲獎運動員時，許多亞軍幾乎都會說：「本來有希望成為冠軍的。」而季軍的獲得者會因為自己闖入了前三名而十分知足。

其實，我們每個人都應該懂得知足，這樣才能成為主宰自己情緒的主人。可以說，你站在什麼位置上看問題，決定了你的人生態度。所以，不要為自己不能實現的願望而灰心，甚至喪失了堅持的勇氣，要循序漸進看問題，沒有什麼能成為阻擋你快樂的絆腳石。

## 自信思維：相信自己，才能創造奇蹟

　　一個人想要成功，首先要相信自己能成功。如果總是否定自己，那就很可能與成功無緣。所以有人說：「一個人永遠不會超過他追求的目標。同樣，一個人也永遠不會超過他對自己的評價。」

　　　期末考試時，教授在發試卷前，對教室內的20位學生說：「我很高興這學期教你們，我知道你們學習都很努力。因此，我提議，任何一位願意退出今天考試的同學都將得到一個『B』。」

　　　學生們欣喜萬分，很多學生站起來，走到教授面前，感謝他並簽上了自己的名字。

　　　但還是有一些學生不願意離開教室。教授看了看剩餘的少數學生問：「還有誰？這是最後的機會了。」又有一個學生站起來，簽上名字走了。

　　　教授關上教室的門，看著剩餘的幾個堅持不走的學生說：「我對你們的自信感到非常高興，你們都將得到『A』。」

　　留下來的學生因為自己的自信而得到了A，而在現實的生活和工作中，很多人都會像那些提前走掉的學生，因為缺乏自信而失去更好的機會。

　　要知道，每個人都有自己的某種才能，只是有些人怯於或者懶得去發現它。一個人如果不相信自己，就不可能挖掘自我潛能。相信自己是尊重自己的基礎，尊重自己是心理健康的標誌。相信自己

的力量和才能，每個人都是能發出光芒的星辰，每個人都是一座金礦。無論何時，都要相信自己，自信永遠是成功不變的祕訣，只有相信自己的人，才能創造奇蹟。

自信是一種內在的氣質。這種氣質的力量是強大的，不可估量的。它一步一步地改變著我們、塑造著我們。因為自信，我們才會有勇氣去正視自己的缺陷。因為自信，我們才會更樂觀地看待自身的不足。只有這樣，我們才有可能透過自己的努力來彌補身體上的缺陷。也許你會發現，一些相貌極平凡的女子，甚至長相醜陋的女子，往往能在學業和事業上，進行不懈的努力，最後竟能成功。一個具有睿智的思想、動人的談吐、幽默風趣的人，可以讓人完全忘掉他自身的缺陷。而這些往往都離不開自信。

很多年前，紐約有一位名叫艾米麗的女孩，她的夢想跟每一位妙齡女子的夢想一樣：找一位瀟灑的白馬王子白頭偕老。可是艾米麗自己相貌平平，在一群女孩之中毫不出眾。看著周圍的姐妹們都先後成家了，她卻無人問津，艾米麗變得越來越自卑。

有一天，她去找一位著名的心理學家排遣憂鬱的心情。心理學家沉思良久，然後說道：「艾米麗，我想請你幫我一個忙，我真的很需要你的幫忙，可以嗎？」艾米麗將信將疑地點了點頭。

「是這樣的，我家要在星期二開個晚會，但我妻子一個人忙不過來，你來幫我招呼客人。明天一早，你先去買一套新衣服，不過你不要自己挑，你只問店員，按她的建議買。然後去做個髮型，同樣地，按美髮師的意見辦。聽好心人的意見是有益的。」接著，心理學家說：「到我家來的客人有很多，但互相認識的人不多，你要幫我主動去招呼客人，說是代表我歡迎他們。要注意幫助他們，特別

是顯得孤單的人。」艾米麗同意試一試。

　　星期二這天，艾米麗髮型得體，衣衫合身，來到了晚會上。按心理學家的要求，她盡職盡力，只想著幫助別人，別人也都對她回以友善的微笑。受到這些鼓舞，她開始大膽地與人聊天，她眼神活潑，笑容可掬，完全忘掉了自己的心事，竟然成了晚會上最受歡迎的人。這個晚會讓艾米麗逐漸自信起來，她開始散發出迷人的氣質。晚會結束後，有3位青年都提出要送她回家。

　　時間一天天地過去了，3位青年都熱烈地追求著艾米麗，她最終答應了其中一位的求婚。心理學家作為被邀請的貴賓，參加了他們的婚禮。望著幸福的新娘，人們說心理學家創造了一個奇蹟。心理學家卻說，是艾米麗的自信創造了奇蹟。

　　正如有句廣告語所說的：「因為自信，所以美麗」。艾米麗的夢想成真都是源自於自信。自信，會一步一步塑造我們，完善我們。

　　只有擁有自信，才會獲得成功。只有擁有自信，才能創造奇蹟。不相信自己能成功的人永遠也成功不了，正如愛默生所說：「自信是成功的第一祕訣。」如果連你自己都不相信自己，你如何能讓別人相信你是一個有能力的、靠得住的人？自信，往往能使我們從一大堆人中脫穎而出，如果具有堅強的自信，即使他是平庸的，也往往能夠成就偉大的事業。如果他同時具備了自信和天賦，那他更將有所成就。小澤征爾就是這樣一個兼具自信和天賦的人。

　　年輕的時候，小澤征爾參加了一次指揮家大賽。在決賽中，他按照評委會給的樂譜指揮演奏，但是他敏銳地發現了演奏中出現了不和諧的聲音。起初，他以為是樂隊的

演奏出了錯誤，就停下來重新指揮，但還是不對。他覺得
是樂譜有問題。這時，在場的作曲家和評委會的權威人士
堅持說樂譜絕對沒有問題，是他錯了。面對一大批音樂大
師和權威人士，他思考再三，最後還是堅持地說：「不！
一定是樂譜錯了！」

這一次，評委們沒有再反駁他，而是站起來，給他最
熱烈的掌聲。

原來，這是評委們精心設計的「圈套」，以此來檢驗指揮家在
發現樂譜錯誤並遭到權威人士「否定」的情況下，能否堅持自己的
正確主張。前兩位參加決賽的指揮家雖然也發現了錯誤，但終因隨
聲附和權威們的意見而被淘汰。只有小澤征爾對自己的判斷充滿了
自信，堅決不附和權威們錯誤的觀點。也正是因為這份自信，他順
利地摘取了世界指揮家大賽的桂冠，從而成了世界著名的交響樂指
揮家。

所以，相信你自己吧。就像是有人所說的那樣，如果你需要一
雙幫助自己的手，那麼這雙手就長在自己的身體上面。如果你需要
一句溫暖安慰的話語，那麼這句話就在你的心中。記住，相信自己
能夠成功是獲得成功的最好預言。

## ◎ 解壓思維：做自己的心靈按摩師

　　現代生活的壓力無時無刻不在擠壓著我們。突然間，我們都覺得自己活得好累。生活中的諸多不如意，如職位變動、感情出現波折、生活環境發生變化或是個人前途選擇等。當生活、工作中出現較大的變化時，特別是這一變化如果是負面的，很多人都會覺得難以承受，一不小心就覺得自己心力交瘁。

　　壓力幾乎已經成為現代生活的代名詞了。看看每天上班時間從捷運裡面走出的那些步履匆匆的白領吧，從他們的步伐中我們聽到了壓力。現在的生活，房價不停地漲，物價沒了命地高，就業壓力也越來越大，市場競爭越來越激烈。在這樣的環境下，承擔著各種義務的人們的壓力也越來越大。這就是生活的軌跡。

　　此時，我們要告訴自己，不要讓過度的壓力壓垮我們的生活。當然，適度的壓力是有益的，它可以鞭策我們不斷前進。但怎樣算是正常的壓力，怎樣算是過重的壓力呢？有研究表明，長期面對壓力，會對健康造成很大的負面影響。那麼，我們該如何應付壓力，才不會讓壓力把我們打敗呢？

　　人們常說，活著太累了。那為什麼在累了的時候不休息一下，給自己解解壓呢？人生是那麼漫長，後面要走的路還多著呢，適當地調節一下生活的節奏，享受一下，做自己心靈的按摩師，可以讓自己的人生之路走得更舒適也更穩妥。

　　　　有這樣一則故事：一個青年人背著一個大包裹，走了數千里路去尋找心中的陽光。但他總也找不到，於是，他走到聖城去找大師求教。他問：「大師，我是那樣的孤

獨、痛苦和寂寞，長期的跋涉使我疲倦到極點：我的鞋子破了，荊棘割破了雙腳；手也受傷了，流血不止；喉嚨因為長久的呼喊而嘶啞……我經歷了如此多的磨難，為什麼我除了勞累之外絲毫感受不到人生的自在？為什麼我還不能豁然頓悟？」

大師問：「你的大包裹裡裝的是什麼？」青年人說：「它對我很重要。裡面是我每一次跌倒時的痛苦，每一次受傷後的哭泣，每一次孤寂時的煩惱……靠著它，我才有勇氣走到您這裡來。」

大師沒有說什麼，他帶青年來到河邊，二人一起坐船過了河。上岸後，大師說：「你扛著船趕路吧。」

青年很驚訝：「它那麼重，我扛得動嗎？」

「是的，你扛不動它。」大師微微一笑，說：「過河時，船是有用的。但過了河，我們就要放下船趕路。否則，它就會變成我們的包袱。痛苦、孤獨、寂寞、災難、眼淚，這些對人生都是有用的，它能使生命得到昇華，但須臾不忘，就成了人生的包袱。放下它吧，生命不能太沉重。」

於是，青年放下包袱，繼續趕路，他發覺自己的步伐輕鬆而愉悅，很快就找到了心中的陽光。

很多時候，我們就是那背著包袱趕路的人，所以生活越來越累。為了能輕裝上陣，我們也應當清理一下自己的包袱，給自己減壓。生活中確實有很多的無奈，但背著它們，絕對不會讓這些無奈消失，只會使你的旅途更勞累而已。

你看馬路上的縫隙。有些地方在修馬路時每隔一段路都有一條十公分寬的縫，這是聰明的工程師在給馬路減壓。很多人都不明白，這麼堅硬的鋼筋水泥路，怎麼也要減壓呢？其實，只要你看一

下被無數的車子壓過的馬路出現了很多的裂縫就能夠理解了。

　　作為一個社會人，他要承擔太多的壓力：來自工作的、家庭的、社會的等等，如果不懂得為自己解壓，那麼就會像沒有減壓的馬路一樣，終有一天會被壓得四分五裂。有人說，既然這麼辛苦，那又何必給自己這麼多的壓力呢？因為，沒有壓力就沒有動力。當車子跑在水泥路上的時候，它會風馳萬里；如果車子走在軟泥上，它就會寸步難行，不久之後就會變成廢品。同樣，人如果沒有壓力，也就失去了其生存的價值。

　　一個人在社會生活、工作幾十年，不出現壓力問題幾乎是不可能的，關鍵是要學會積極地面對問題，主動地去處理問題，調整自己的心態，避免因為一些暫時的挫折而影響到今後的工作和生活。為了減壓，我們也可以找朋友傾訴……但這些都是外界的，說到底，解壓最根本的解決方式只能靠自己。

　　　　有著「石佛」稱號的李昌鎬，身為韓國圍棋界多年來雷打不動的主力隊員，背負著巨大的包袱。

　　　　1989年，年僅14歲的李昌鎬就在「最高位戰」決賽中擊敗了自己的老師而奪得冠軍；1992年，17歲的李昌鎬在第三屆「東洋證券杯」決賽中以3：2戰勝日本超一流棋士林海峰奪冠，創下了世界上最年少奪冠的紀錄，被譽為「圍棋神童」。此後又奪得20多個世界大賽冠軍，開創了無敵於天下的「李昌鎬時代」然而，與名譽同時而來的還有壓力。

　　　　由於過大的壓力，李昌鎬開始頻繁地頭痛，嚴重的時候，他甚至「醒來後一天大部分時間都是那樣，24小時裡得有12小時左右」處在頭痛的狀態，以至於頭痛已成習慣。在第八屆農心杯比賽中，他甚至出現眩暈的狀況。

　　　　在如此的壓力之下，李昌鎬的成績也明顯下降。20

多年來，他不間斷地參加各種比賽，除了圍棋之外幾乎沒有任何其他的娛樂。一次次殫精竭慮地耗費心力，李昌鎬顯露出了衰弱的跡象。早年他憑藉年輕的生命力，應對一個又一個比賽，打敗了一個又一個對手，但如今，他已經不可能像昔日那樣，耗費一整天的時間去贏得棋局，這樣的勝負他已經很難經受得起了。對我們每個人而言，就這樣，他陷入了漫長的低潮時期。

在闊別冠軍6年之後，在韓國第37屆名人戰上，李昌鎬終於拿到了久違的冠軍。這一次，李昌鎬的氣色明顯好了很多。他一臉平靜地表示，自己開始學著用平常心去下棋。他說：「年輕時欲望很大，現在大大減退了。想以平常心下棋，將努力下快樂的棋。」

正是這種「下快樂棋」的心理使得李昌鎬的心理狀態快速回升。對我們每個人而言，也應當如此。我們不要給自己太多的包袱，就像自然界中，大樹每到秋天時都會將一片片樹葉脫落褪去，只有這樣，到了冬天大雪來時，大樹才不會被雪壓垮。人若讀懂了樹，就應該試著將自己無法負擔的重量從容卸掉，只有這樣，我們才能繼續健康輕鬆地行走在人生之路上。

所以，一旦煩躁不安時，請睜大眼睛眺望遠方，看看天邊會有什麼奇特的影像。要相信，既然昨天和以前的日子都過得去，那麼今天和往後的日子也一定會安然度過。心情煩悶時，不如就多唸唸「車到山前必有路」，把自己無法承擔的那些重量都卸掉，只有這樣，我們才能領略到人生旅途中的美好風景。

## ◎ 不後悔思維：失敗了也不要後悔

　　關於人生，有人曾這樣總結：「人生是一盤棋，棋子落定就不能反悔。人生是一條長河，滾滾東去卻再也不會倒流。人生是一部鬧鐘，無論你怎麼往回撥，也調不到原來的時間點。」這也就是告訴我們，我們所做的任何一個選擇，都無法更改了。人的一生往往面臨著很多的選擇，無論我們做過什麼，都經歷過選擇，

　　只是選擇的結果是不是我們想要的很難說。也許我們的選擇是對的，那麼快樂、幸福會跟隨我們；如果我們的選擇錯了，便很少有人能做到寵辱不驚，總是會問自己，如果當初不是這麼選擇，會怎麼樣呢？於是乎，各種悔意湧上心頭，所以我們總是能聽到身邊有朋友嘆息連連——我真後悔呀……後悔過去，後悔失去，後悔逝去……生活就是這樣捉弄人，讓你在後悔與不後悔中曲折前進。

　　是啊，如果重新選擇，結果會怎麼樣呢？誰也不知道，因為人生不可能重來，也由不得你設想，更不可能事事如意。所以，不要後悔你的選擇，因為後悔也不能更改你的過去，過去的已經過去了，將來還是要面對，與其花時間來後悔，不如把時間放在對將來的打算上。下面這個故事告訴我們，人生，無論怎樣都不必後悔。

　　30年前，有一個年輕人離開安逸的故鄉，外出闖蕩人生。他動身前，先去拜訪了本族的族長，請求老族長給他一些指點。

　　老族長正在練字，聽了年輕人的請求後，就寫了3個字：不要怕。然後抬起頭來，望著年輕人說：「孩子，人生的祕訣只有6個字，今天先告訴你3個，夠你半生受用。

還有一半，等你回來的時候就知道了。」

30年後，這個從前的年輕人已是人到中年，也有了一些成就。他回到了家鄉，又去拜訪那位族長。

他到了族長家裡，才知道老人家幾年前已經去世。家人取出一個密封的信封對他說：「這是族長生前留給你的，他說有一天你會再來。」還鄉的遊子這才想起來，30年前他在這裡聽到人生的一半祕訣。拆開信封，裡面赫然又是3個大字：不後悔。

是啊，人生有什麼值得後悔的？後悔又有什麼用呢？可以說，這個世界最公平的一點就在於，從來就沒有後悔藥。

有位哲學家，天生一股文人氣質，令無數名媛傾心。

某天，有一個女子來敲他的門，她說：「讓我做你的妻子吧！錯過我，你再也找不到比我更愛你的女人了。」哲學家雖然也很中意她，但善於思考的頭腦還是提醒他，凡事不急於一時，再考慮考慮。

女子走後，哲學家用他一貫研究學問的精神，將結婚和不結婚的利弊分別條列下來，結果發現，好壞均等，真不知該如何抉擇。於是，他陷入了長期的苦惱之中，無論他又找出了什麼新的理由，都只是徒增選擇的困難。最後，他得出一個結論——人若在面臨抉擇而無法取捨時，應該選擇自己尚未經驗過的那一個。不結婚的處境我是清楚的，但結婚會是個怎樣的情況，我還不知道。所以，我該答應那個女人的請求。

哲學家來到女人的家中，請求女人的父親將她嫁給自己。女人的父親冷漠地回答：「你來晚了十年，我女兒現在已經是三個孩子的媽媽了。」哲學家聽了，整個人幾乎

崩潰。他萬萬沒有想到，向來自以為傲的哲學頭腦，最後換來的竟然是一場悔恨。

往後的兩年，哲學家在悔恨交加中抑鬱成疾。臨死前，他將自己所有的著作丟入火堆，只留下一段對人生的批註——如果將人生一分為二，前半段的人生哲學是「不猶豫」，後半段的人生哲學是「不後悔」。而哲學家自己一生的悲劇，就在於抉擇時猶豫，最終沉溺於後悔而不能自拔。

失去了某件東西，難免情感上會有失落，產生後悔心理也是人之常情。比如說，當失去健康時，你會後悔沒有經常鍛鍊身體或者注意保健；當失去親人時，你會後悔付出的陪伴少了點；當失去機遇時，你會後悔自己太粗心大意，白白讓機會從手裡溜走；當失去工作時，你會後悔當初沒有認真積極地工作……可是要知道，失去了就是失去了，如果整天沉湎於後悔，妄想有朝一日能夠回到從前，可以從頭再來，那便是癡人說夢話了。生活不是在電腦裡寫文章，能夠一次又一次使用複製、刪除、黏貼，無論如何也不能恢復的。

失敗了，產生懊惱的情緒是自然的反應。但千萬不要沉溺於後悔之中不能自拔。明智的作法是，懊惱感慨之後繼續前行，畢竟前路漫漫，充滿無限可能，你還有很多成功的機會。如果在原地不斷後悔自責，那你將失去更多，並再也沒有機會品嘗到之後的成功果實。

在一生當中，我們總是有失有得，有得有失，只要自己還好好地活著，錯過了的便可以去彌補，或用另一種心態去充實——未來由自己的思想和機會去努力爭取。相反地，如果你沉溺於過去的失敗，不斷地責怪自己錯誤的選擇，那麼你的未來不過是過去的重現。

國家圖書館出版品預行編目資料

全世界都在用的80個關鍵思維 / 李問渠作. -- 初
版. -- 新北市：華志文化，2011.11
　　面；　　公分. --（心理勵志小百科；1）

　ISBN 978-986-87431-2-0（平裝）

　1. 成功法　2. 思維方法

177.2　　　　　　　　　　　　　　　　100019589

系列／心理勵志小百科 0 0 1

書名／全世界都在用的80個關鍵思維

作　　者　李問渠

執行編輯　林雅婷

美術編輯　黃美惠

文字校對　陳麗鳳

企劃執行　康敏才

總 編 輯　黃志中

社　　長　楊凱翔

出 版 者　華志文化事業有限公司

電子信箱　huachihbook@yahoo.com.tw

地　　址　116台北市興隆路四段九十六巷三弄六號四樓

電　　話　02-29105554

總經銷商　旭昇圖書有限公司

地　　址　235新北市中和區中山路二段三五二號二樓

電　　話　02-22451480

傳　　真　02-22451479

郵政劃撥　戶名：旭昇圖書有限公司（帳號：12935041）

電子信箱　s1686688@ms31.hinet.net

出版日期　西元二〇一一年十一月出版第一刷

版權所有　禁止翻印

Printed in Taiwan

H 華志文化事業有限公司

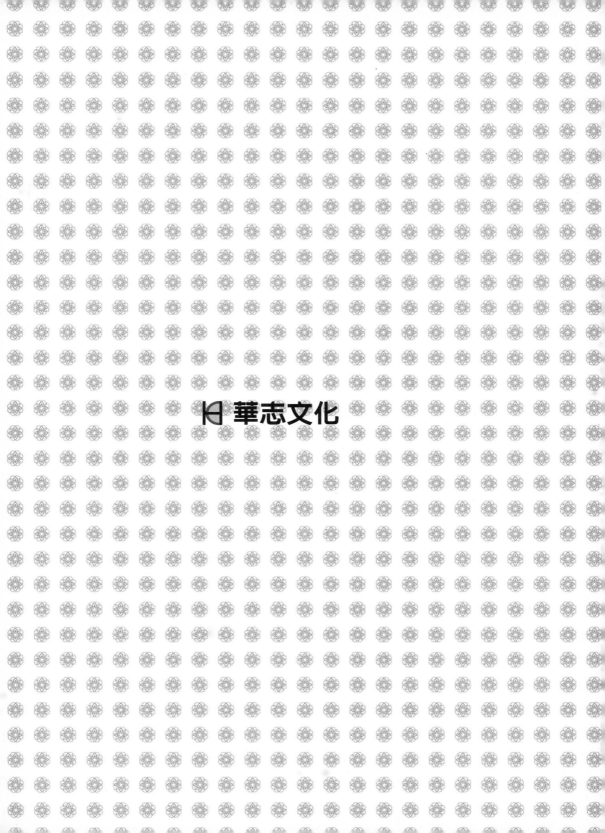
華志文化

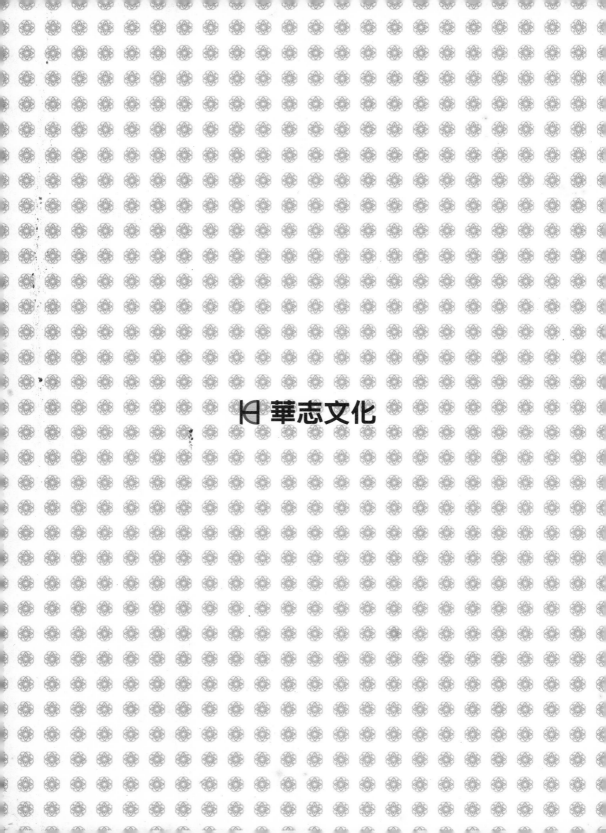